TEJEDURÍA DEL BÉISBOL

PAQUITO MONTAÑEZ

© 2018 por Paquito Montañez.

Se reservan los derechos. Ninguna parte de este trabajo puede ser reproducida por cualquier medio electrónico o mecánico, de fotocopia, grabación o almacenamiento en sistemas de recuperación sin el consentimiento del autor. Es un libro auto-publicado, sin contrato con agente o editora. No requiere el respaldo oficial de Major League Baseball o sus afiliados. Esta obra emplea casos y nombres reales y ficticios—todos para realzar su contribución al deporte, y para el interés público.

DISEÑO DE CARÁTULA
Enrique Jaramillo-Barnes

MONTAJE DE INTERIOR Y TEXTO
Por el Autor

Ordene este libro visitando los siguientes:

https://tsw.createspace.com/title/8272556

www.amazon.com

www.lordsereno.com

Tejeduría del Béisbol
Por Paquito Montañez -- Edición 2019

ISBN 9781980620631

Ordene este libro visitando:

www.lordsereno.com

www.amazon.com

FICCIÓN
Operation Hell's Bells (English)
Lord Sereno (Español)
Panama Editor (English)
Editor de Panamá (Español)
Piedra de la Capicúa (Español)

NO-FICCIÓN
Fabric of Baseball (English)
Tejeduría del Béisbol (Español)
Guía del Agente Inmobiliario (Español)

TODOS EN FORMATO DIGITAL Y TAPA SUAVE

"Segunda mitad del noveno
Hay gente en la encrucijada y hay que decidir
Entre todos los caminos hay uno solo a elegir
Ahora que te necesito dónde has ido Buck Canel
Segunda mitad del noveno
Aquí se decide el juego y no sabemos que hacer"

~Rubén Blades
Del álbum: Canciones del Subdesarrollo

Prólogo |
CIENCIA, ARTE Y HARMONÍA EN UN JUEGO

"[Pai] usa zapatos especiales que hacen marcas en el terreno cuando camina. Sus brazos y hombros parecen poder arrancar una palma fuera de las raíces. Su cara es dura como los ladrillos aguantando nuestra casa de tablas."

~Bengie Molina con Joan Ryan
Molina: The Story Of The Father Who Raised An Unlikely Baseball Dynasty

No hay duda el béisbol es ciencia y arte poniendo en práctica sus amplios fundamentos con habilidades variadas elevadas a gran nivel en hábitos. La naturaleza competitiva conlleva pericias técnicas, entre la profundidad del manual de juego. Sobre el juego se cierne un negocio espeso. Los instintos y motivación por salir airoso de una contienda, una serie o una temporada acarrean rendimiento individual y en asociación. Al tratar de ganar es aludir a la meta impuesta por el esfuerzo común. Pues siendo actividad completa, ancha, profunda y maravillosamente variada, es evidente el deseo de rendir superior sugiere la curiosidad de un despliegue creativo. El deporte, a lo ancho de sus logros debe utilizar la fortaleza adquirida para llevar el producto sobre el horizonte geográfico.

¿Qué tal asumimos que expansión es la dirección más precisa? El año 2017 fue un año prodigioso para el béisbol. En el 2018 los expertos pronostican un gran balance hacia lo difícil de entrar a postemporada. Supongamos que el béisbol quiere un nuevo rostro, o la modernidad toma su curso obligando a expandir. MLB se siente cómoda con la estructura actual, pero hay razones al cambio en las fronteras de la oportunidad.

Las organizaciones poderosas deben crecer, aunque el riesgo rumea el perímetro. Mira el descenso y subida del petróleo. El mundo es de alguna manera caótico, pero los conglomerados poderosos prosperan. Cada día se forman nuevas asociaciones en las que alguien está a cargo y muchos en la cadena de mando prefieren la acción de los delegados para recibir más tarde las rutas de asesoramiento para conectarse, ya sea los elementos clave ejecutando frente a las restricciones, o tomando decisiones duras con los recursos disponibles. Los recursos asignados son el poderoso empleo de activos según sus capacidades. Significa que hemos encontrado el primer elemento—lo imperioso de tomar acción precisa y correcta para explotar el valor logrado.

Tomar acción significa la narrativa escrita en los anales de ambas ligas. La creatividad del juego siempre resulta ser la extraña fuera de la polémica. Ya que el resto de los enigmas están en la cámara de los confluentes, el equilibrio es mantener el juego alto en interés, creíble y rentable. Eso y la manipulación de la legitimidad política de los mercados, ya que los flujos de ganancias se doblan y mejoran al minuto y a la hora. Acuerdos notariados demuestran construir a partir de las regulaciones. Que el fortalecimiento de las acciones de trabajo sea crédito para una relación saludable adentro y con la fanaticada, mientras que el gobierno, el multiplicador sigue en guardia. Hoy en día más personas entienden lo entretenido que conduce a los beneficios deportivos en un entorno arraigado en fineza política y empresarial. El tiempo y su aprovechamiento sostienen la montaña rusa de los mercados.

Simulemos en esta diatriba. David Quentin Voigt, en American Baseball marcó la línea de tiempo 1950 paralela a ver los deportes en la televisión y verificar el béisbol siendo el pasatiempo nacional. Como si fuese día de pago un sábado por la mañana en una fábrica de Chicago, mientras que la sonrisa del capataz al entregar el cheque a los trabajadores es sastre con tela para cortar, el sindicalista se hizo visible. Negociar con el sindicato pudo haber sido la mejor movida de MLB para traer beneficios y formular decisiones difundiendo la riqueza actual.

Entre la historia y la tradición, con el advenimiento de la tecnología, la mirada hacia el deporte era la imagen real de un mundo más claro sin pocas quejas de los fanáticos. Los jugadores esperaban crear sociedades secretas y no tan secretas para protegerse de ser comprados, vendidos, reservados, prestados o mantenidos con salarios bajos. Los fundadores de clubes beisbolistas introdujeron bastante magia en la licuadora tipo GE con etiqueta de entretenimiento y utilidades. Jugar al béisbol, entonces como siempre, parecía fácil, pero detrás de una gran atrapada, un robo del plato o tras una recogida de pique para salir de una entrada estaba la confianza en el contenido de carácter y en las herramientas de juego. En 1951, un periodista blanco le preguntó a Willie Mays si había venido al jardín central de los New York Giants a rehacer la obra magnífica de Jackie Robinson. Willie le respondió que el manager le dijo ve al central y atrapa todo lo que sea bateado a tu alcance. Era la declaración del momento, añadiéndole, si eres una persona negra de Alabama y quieres sobrevivir en el mundo blanco, mantienes la boca cerrada, mantienes la cabeza baja, sonríes ante la mala fortuna de la discriminación, y te das a conocer por carismático y por tus herramientas. Esto no lo hizo el desatendido, pues su padre Willie Mays Jr. jugó en las ligas de color, y su madre Annie Satterwhite fue atleta en pista y campo. A edad de 16 años, Willie Mays ya jugaba regular con los Birminham Black Barons.

En aquella época, los ciudadanos locales apoyaban sus héroes desde lo largo de la trayectoria hasta la cima nacional. En alguna parte de los límites en esa era, variedades de estrategias competitivas florecieron añadiendo cadenas de negocio al juego de niños que los adultos pensamos que podemos jugar mejor.

La idea es establecer seis franquicias de expansión en ocho años, en un modelo de propiedad dónde MLB ejerza el derecho sobre todos los nuevos contendientes. Y qué tal si situamos el crecimiento en un maniquí dónde MLB le entregue a una organización colaboradora las llaves para desarrollar el porvenir de las seis franquicias nuevas. Es correcto que quién gane el contrato hará todo lo posible por desarrollar estos clubes frescos y ascenderlos al escalafón de la postemporada, y mantenerse en el sube-y-baja de los mercados.

Ya que los treinta clubes existentes serían dueños parejos de la inversión de expansión, y porque otras profundidades al semblante de estadios, fincas y equipos de operadores sugieren talla para rato, no nos podemos desviar de entablar conversación seguida por una reunión. Los estadios, fincas, los escuchas, y la gente de operaciones contienen su propio crédito ungido por trabajo en equipo en amplitud.

Hay que invitar a gente de dominio, y natural, de pronto imaginamos el análisis interno de la entidad. Adentro, los elementos domesticando el entorno, y los mercados en buena posición. ¿Serían los elementos dignos de participación en la decisión de desplegar pelota a otro nivel? Todavía hay que recurrir a la última decisión colectiva en un mundo muy diversificado (pensando en la composición de quién es dueño de qué). La propiedad ha sido y sigue la prioridad. De pronto vemos el poder colectivo de los 30 grandes en contiendas duras y con cierta incertidumbre por lo ancho de la idea.

Expansión tiene pilares a tratarse entre la filosofía unificadora. De salida, hay que ver la tarjeta de registro institucional para lograr tal estupendo éxito. El éxito acepillado por un nivel de prosperidad espectacular. ¿Qué más ubicamos para la iniciativa de crecimiento? Viendo los componentes, cada uno ha aportado su granito en esta gran playa de arena única, ágil y calculadora ahora sin mucha crítica. La prosperidad bárbara nubla cualquier duda sobre el "scorecard" de MLB.

Quizá pongamos un tanto de afán dedicándonos a los 30 grandes, sabiendo el torrencial en el sistema de finca es negocio separado y bastante dimensional para captar habilidades humanas en juego y en negocios. No vemos ningún indicio de que los clubes de expansión compitan innecesariamente hasta con los no aptos para alcanzar la postemporada. Si lo hay, discutámoslo.

No objetamos los roles del Comisionado y la Junta Ejecutiva son extremadamente claves. Percibimos la autoridad colectiva entre los clubs dicta atacar la última oportunidad en base a las disciplinas que lideran prosperidad fabulosa. Los líderes actuales son el motor modificando su pensar basado en la realidad como ellos la ven, y siguen dueños de su propio pronóstico por experiencia.

A veces por estar pendiente de la intensidad del juego y la tabla de posiciones no nos percatamos que los dueños de finca y estadios poseen su alcance corporativo. No andan pescando, sino pensantes y ejerciendo acción sobre las oportunidades de vender boletos, arreglos con los palcos de lujos, atrayendo la fanaticada con un equipo rico en profundidad de banco y cuerpo de relevistas, y amasando fuerzas de negocio. Este es el emprendimiento que intenta contestar cuestionamientos profundos a tantas avenencias seguras a surgir.

De paso, los pilares poseen más pujanza de la que al zutano y mengano promedio muy poco le importa. Afortunadamente los medios ponen todo al aire para que apreciemos el capitalismo a su máximo esplendor. La imagen "good-looking" de los atletas de hoy es de impacto imponente a la sociedad. Algo distintivo de hoy es que la paciencia de ver el resultado de buenos cimientos y prácticas, es resultado por cuestionar quién tuvo más éxito por práctica: si Brooks Robinson, Paul Blair o Carl Ripken. Difícil de cuantificar, sino verificando el informe de rendimiento individual para el equipo. Ya que vivimos en fantasía alimentada por el deporte, el deporte debe potenciar de la misma fantasía y avanzar de acuerdo a sus capacidades.

Sólo restaría una reunión para hablar de billetes. Al final todos reciben la porción de acuerdo al monto de la inversión. Todos deciden el reparto aceptable de recursos para poner en manos la obra. ¿Quién domina el espectro de negocios en alianza y parte institucional? Tratando de decir quién yo creo tomará el mando de expansión, cautivando intriga, no sería indicar Major League Advance Media (MLBAM o BAM) ha bajado y subido por la senda, y ya esa patrulla es línea 1 en el esquema de mañana. El escenario proyecta a BAM como la Entidad de Operaciones si el resto de lo que viene aterriza en el teatro decisional de los convencidos.

MLB no tiene problemas concretando contratos ni acuerdos. Podría asignar el control a una Entidad de Operaciones de Expansión. Asumiendo entre las funciones delegadas a la Entidad de Operaciones, sería autoridad para desarrollar clubes duros en el campo y ensanchar la rentabilidad para todos los que inviertan en expansión. Como autoridad semi-autónoma; el punto financiero, económico y operativo y subordinado al Comisionado de Béisbol y la Junta Ejecutiva.

Sin adelantar levantar al enemigo la sospecha, expansión puede traer dolores de cabeza, y toda reingeniería es digna de ingerir la pastillita mágica, respirar profundo y analizar la iniciativa. Sí, es cuestión de reingeniería y no hay de otra, pues atacas territorio cuando estás en tu mejor momento. ¿Cómo Bobby Bonilla convirtió salario de retiro a lo exponencial? El 1 de julio de 2001 los Mets de Nueva York le pagaron $1.19 millones. Y lo harán cada 1 de julio hasta 2035, como parte de un contrato diferido que los Mets negociaron con Bonilla después de la temporada de 1999. En lugar de pagarle $ 5.9 millones ese año, los Mets le deben a Bonilla casi $30 millones en el transcurso del contrato diferido. Qué clase de plan para expansión.

La historia y esa movida de Bobby es el vivo ejemplo y motivo de investigación. En cómo el dominio financiero y económico colectivo acordarían, no hay de otra, sino defiriendo ingresos al estilo de Bobby. Por supuesto que todo el nuevo engranaje lleva su flujo paralelo al instituir el juego a otro nivel en geografía con capacidad de soportar el compromiso de fogueo que cada día se pone más intenso y atrae más interés.

Aquí la intriga es sobre quién, cuándo y dónde inicia el esquema real de expansión. Las poderosas e influénciales redes con tecnología trayendo el juego al sofá tienen el derecho de competir por un corte; y parejo parece ser el nombre del ícono.

La mejor asesoría reside adentro. Las Ligas Mayores deben ser el ejemplo a otras instituciones por experiencia en gestiones de crisis y alcance económico. Hay liderazgo, las expectativas adentro moldean el potencial, y por fuera, poder ir al parque a romper dieta, a presenciar el juego a otro nivel.

Lo siguiente no es cáscara de mangó. Los cambios forzosos dependen del mitigo de riesgos. Tanteando tanto el riesgo constante como en reingeniería, el perímetro se ha minado en prevención y condicionamiento hacia lo inesperado. Si por equis razón resulta en mala estrategia o mala disposición, al otro espectro te indispone ante el cubil que considerabas perímetro seguro.

Ninguna manada de lobos te come como en Hollywood. Por otros lares, dice Murphy el petróleo tuvo descenso, se dice estuvo dando saltos, ahora está superior. Debe ser lo inesperado de los mercados.

Tampoco vamos a desaprovechar la ley de reforma fiscal que favorece al universo corporativo. En esferas superiores, saltar a la movida pide reorganizar la estructura, el negocio y las relaciones con los aliados. Que no se afecte el cuadro cotidiano. Desde que el resto dispone de historia y crónica, hasta existen métricas para invertir y gastar una cantidad específica de dinero para cada victoria. Todo esto, pegado con resina a la influencia de los jugadores en espera por modificación y potenciación. Ante esto no podemos evadir los problemas y retos. Negociación y manejo de conflictos, gracias a Dios, son un fuerte. Ahora los clubes chicos reciben un cheque del Fondo Central para hacer con él lo que sea, cortesía de los clubes con mercados prolíficos y el sistema de repartos de ingresos. Cualquier cosa puede suceder con una buena dosis de suerte, y que no falte la química de las estrellas entreteniendo en el estadio y por dispositivos digitales. Que no falte la sabiduría de aquellos que crean riqueza para los peloteros. Ellos también necesitan ser potenciados y todos a ganar. Quién se apunta a poner a un lado una porción de las multas de lujo como semilla de expansión ahora que la piña no está agria.

1|
RUMBO A 40 FRANQUICIAS

"El plato en el béisbol representa el punto de intersección donde las líneas se extienden a un ángulo de noventa grados, teoréticamente en perpetuidad".

~*William M. Simmons*
The Cooperstown Symposium on Baseball and American Culture 2001

Todavía recuerdo aquella tarde lluviosa en el Parque Omar. Ruperto narró que bajando por Loma Cobá en la carretera Panamericana, pensaba en el consejo de Idalia, su esposa. Había pasado catorce años aparentando reseñas sobre la vida forestal. Escribiendo informes sobre el saqueo político y corporativo al bolsillo de los ciudadanos parecía "tierra fértil" en elección de temas sin que lo expatriaran del país. ¿Estaba traicionando a su país? El establecimiento estadounidense lo reclutó por la información de país, en aquella instancia, todo dirigido al beneficio en los deseos del gobierno americano en las arenas de seguridad nacional. Por suerte escuchó para defensa, cada ocho horas se gradúa un abogado. Bajar espuelas de las alturas y actuar coordinador de torneos sangrientos quizás últimamente estaba exprimiendo sus dopaminas en la caja oliva sobre su pescuezo.

Quizás debía engavetar su membresía en la federación de horticultura de pantalla y ejecutar el plan B con el informe sobre adivinos y sanadores en la magia de los proyectos ñame. Como los del gobierno de turno, pero la realidad considera la solución al frente si no hay vuelta atrás.

Pero mientras, la vista se tornaba promisoria. Al divisar la ciudad de concreto a la altura del Puente de las Américas, en algún punto tendría que vagar en el parque (Omar), cancha de golf la cual durante la dictadura militar fue incautada de los apellidos afluentes. De seguro allí podría escuchar a Ray Sepúlveda cantando el loco de la colina mientras la obsesión del béisbol tomaba profundidad.

Anduvimos pensando que ha llegado la hora de expansión. El reloj nos avisaba comernos un arroz chino de Don Lee. Pero como la diatriba era ancha, el autor de tierras altas primero tenía que saldar otra misión. Fue justo después de las elecciones generales del 2014. Ruperto quería que yo explicara la sinopsis en lenguaje entendible. Le seguí la pista y compré dos piraguas, cómo no iba a brindarle al Don por su atinada decisión en pos de la información. Nos sentamos en una de las bancas de madera. Casi detrás, a la séptima hora cardenal, un individuo bastante chaparro hablaba en italiano con el otro hombre, más alto, bien refinado como de embajada. De improviso, le entró una llamada al bajito con aspecto de Tommy Lasorda, quien siguió hablando en italiano y a mi pericia la conversación giraba a los asuntos de poseer un pedazo de pastel en ultramar. Quizás el asunto circulaba alrededor de la maquinita pinchadora perdida, según Didier el encubierto que ahora Jibaro Hamshire, el U.S. Marshal protegía bajo WITSEC. Franco Nero pudiese ser de cualquier agencia o país, nos trajo el primer instinto que era cubano con buen entrenamiento en Hialeah. Ya Ruperto casi terminaba su piragua de frambuesa, y me indicó con el labio me pusiera en fila justo detrás del Míster con aspecto de Franco Nero, por imagen de repetitiva. Lo saludé y le pregunté en inglés si era italiano, y me retornó en español perfecto que no.

De reojo miré a Ruperto, y solo se me ocurrió decir que últimamente el careo en la ciudad es en italiano. Lanzó una sonrisa y le avancé que Ruperto intentaba publicar Círculo Cero como novelista. Antes de presenciar la más burlesca sonrisa del hombre fue que Tommy terminó la llamada y siguieron el ñaqui ñaqui en el idioma de Calígula. Antes de partir, ambos se enteraron que la novela de Ruperto sería sobre el forcejeo de poderes, el lavado de dinero y la envoltura del gobierno. La triple ascendiente gubernamental ya tenía planchadas las leyes a favor de políticos con pala y chavos del pueblo. De ahí el brillar de dientes y la burlesca sonrisa del cubano. Partiendo en camino los dos hombres, Ruperto les aconsejó: cuidado que no terminen personajes en la madre de la telenovela italiana, la de los radares y el negociado de helicópteros Fenestrón.

Espacio serio y temible el parque del loco de la colina, me decía a mí mismo. Mi cabeza andaba en otra cosa y aquella parte de Círculo Cero se explotaría a futuro como mapa digital con llave en manos, solo después de verificar si fuese verdad, que Didier pudo haber sido uno de los Magníficos y sabía quién por su pericia robando bitcoin.

Entonces retomamos la caminata y entramos a desarrollar ideas sobre expansión, no antes figurar los Magnícos llevaban esencia de si no sabes que hacer, coordina un equipo para tormentas de ideas.

Los Magníficos significan unificación—el bebé y los genes del trabajo en equipo, y luego regresarían al frente del telón afirmando la colaboración completa la jugada.

FIGURA QUE LAS Mayores quieren agrandar su producto y la visibilidad local, nacional e internacional. La oficina del Comisionado y el Comité Ejecutivo han roto el código de no sólo aprovechar el conocimiento acumulado en el universo de la data, de las maneras singulares de minar dicha data, asesorarse en el estado de los ingresos, sobre el balance competitivo en todos los clubs, y viendo los efectos reales de aprovechar predisposiciones específicas que mantengan un enfoque sobre el potencial. En especial, servir de eslabón ante tantos acaudalados, cada uno con personalidad conlleva reuniones a lo Sigma 6.

Estas son grandes aserciones, pero indiscutiblemente con valor para pensar al nivel disciplinario que maniobran estos dignatarios. Para mí, deducir si MLB posee la capacidad de instalar los Montreal Expos y Las Vegas Stonehands en 2020 me lleva a concluir que esa cultura competente, dominante de los rudimentos (en juego y en el Fondo Central) es un buen comienzo de la suma de las partes sin restarle méritos a las 30 franquicias, al sistema de finca, o los incansables que mantienen los estadios en pleno auge.

Sin duda la concentración de grandes alianzas reina sobre todas las entidades con fines de lucro a través del entretenimiento deportivo. Con el mismo enfoque de disciplina, percibimos hemos estado desplazándonos al cambio. A la costumbre de la dinámica, el alimento de los tiempos modernos. Alimentando como descomponer la inmensa palanca colectiva para organizar sin que la temporada sufra desequilibrio. Sin argüir otro empuje por parar el ascendiente tope salarial, verdadero, a todos los niveles. Hay inflación en cuaje.

LA DECISIÓN NO es tan fácil como descascarar un coco. El poder del béisbol en el mañana descansa en la última decisión, y tiene que ser unificada. El escenario busca la aplicación de la mano invisible que favorece los intereses en actividades productivas que promueven la prosperidad a vastos segmentos de la sociedad. En la forma acostumbrada.

Diríamos que ningún cráneo adicional intuido por mentores no resolvería antes de consultar con el Comisionado y la Junta Ejecutiva. Ellos son expertos en sus especialidades ajustándose a los designios institucionales. Asunto sobre recibir retroalimentación para otro torneo con picos y espuelas. Donde las fragancias huelen a compromiso.

Jugando superior alguien formará el debate de experimentar con el Bateador Designado en la Liga Nacional. Si se cuela esa nata es chance para mucho queso, lo que dijo una referencia en la parte trasera, en el cuartito de cucarachas. Para ser específico, el DH es terreno fértil con una figura mayor en oportunidad al joven, al comprobado y al amante de traer más carreras a la goma.

El tiempo apremia si se aprovecha. Primero formulamos un modelo conceptual que permita estudiar el contexto del reto, identificar objetivos específicos para definir todas las variables y relaciones lógicas. Un diagrama de flujo que nos guie, como observadores externos, a reducciones parciales emparejando las propiedades en la fibra de MLB como parte del marullo.

Súper. MLB ha probado ser inteligente y sagaz en un juego de soltura que no viene de la nada. Si no fuera por el análisis a medida que la historia se transforma, es desde esta profunda visión desde origen a trayectoria, a éxito, que enfrentar las embestidas del negocio sigue siendo intrépido. Lo ha hecho ilustre.

Ahora sí vamos rumbo a primera base. De salida percibimos la necesidad de verificar cuales son las ciudades con potencial para liga mayor. Pensamos en los estadios, los rosters de peloteros, la oficina central y el equipo de operadores. ¿Habrá suficiente fanaticada llegando al parque? ¿Cuál será la estrategia para seguir el objetivo central de competir en el terreno y en el banco? ¿Cuál será la política ideal para admitir balance y oportunidad de llegar a la postemporada? Entremos a la mazmorra del conocimiento y el sacrificio en una simulación con las agallas templadas. En la espalda de lo que impregna vigor en la preparación y acción como producto acorde con las condiciones, tampoco dejemos que nos coja el Chupacabras.

Si se organiza como tal, es intento persuasivo, lo que implora probar la teoría en vestimenta de credibilidad con gran atención puesta en mitigar los riesgos y la continuación de la competencia según el orden actual. Imagina a Caperucita de compras en El Machetazo de Calidonia y 25 muchachas detrás del mostrador empacando toda esta tela con la cualidad exigente haciendo las de lo difícil con lo súper fácil para ver si se acentúa el tono y pongas pedal sobre la autopista.

HAY TELA PARA CORTAR. Nos lanzaron para lo hondo. Definitivo es esfuerzo en futilidad, pero rico en inconveniencias formidables antes de domesticar lo que parece un garabato absurdo y tan utópico como el auditorio azul del Oso Blanco. Auditorio color añil. Por eso nunca falta el chance del escenario fortuito. La simulación, y si no la compartes, vivitos y coleando estamos aquí. Sólo retorna a creer esto debe concluir un mensaje sutil, si se nubla la memoria, pues más que germinal a producto completo intuye a que aflore la virtud con aporte humilde y sencillo. Este es un trabajo unificado por aporte de muchos lados, algunos con esquinas a pulir, nunca perfectas. Aquí no se debatió, se talló abrir el juego vaticinando mejor visibilidad del aporte de los clubes y los peloteros a la comunidad, por ejemplo. Incluye una infinidad de escenografía, por hacernos la de la introducción del esquema siempre utópico, a menos que el plan refinado salga desde adentro.

Tampoco íbamos a subestimar la encrucijada de hacer cambios radicales por chance, consenso, aprendizaje y diseño empresarial. Realmente, ¿aplica esto al béisbol entre su soberanía? La duda no te impide por lo menos simular la Agenda y su estilo. Puede desencadenar la decisión unificada (la que no esperamos por lo brutal que parece). Diríamos que el sistema total de MLB no sufriría cambios, sino transformación de estructura y algunos procesos relevantes al aumento de la competitividad. Sería llevar la medida con el interés de la fanaticada explotando el potencial de ingresos y seguir haciendo lo mejor que MLB sabe hacer. Sin rasguños, superior a otras entidades deportivas.

Ético a las formalidades sin grillos ni grilletes. Ya estos hechos comprobados se utilizan a su máxima eficiencia. Por confiabilidad previa, la entidad hará su sentido independiente en cuanto a la talla de la nueva meta. Hacer sentido propio en expansión puede transformar lo distorsionado de no contar con información precisa para mirar a través de las ideas de avanzar el béisbol como se viste y como la intriga hará la entrega con iniciativa creativa. Ojalá nos obligue a formular sentido propio y decidir, pues se nos viene el tiempo sobre la chola. Como mango de sartén.

Obviamente, para representar impacto convincente, tuvimos que parear la idea con los hechos, antes del matrimonio en palabras calculadas. Retornando al origen de la idea sabiendo que la herramienta de convencimiento en los años próximos pone atención propia al camino evolutivo como entidad total, en repetitiva, viendo el trayecto real como ciencia, arte y destreza ante un reto amplio pero replicable. ¿Manejable? Parado ante la pantalla del positivismo, y luego a ver.

Pongamos caucho y clavos dentro de la línea de tres pies hacia primera base, sin ventajas ocultas, pues el futuro no toma prisioneros. Por un segundo, qué hace de la Liga Mayor de Béisbol el candidato principal para llevar a cabo la modificación de su estructura. No es necesario explicarlo todo, pero es un reto definitivo y profundo y da qué pensar.

AGENDA 2018-2026 llevaba estampa de reingeniería no esperada. No sabíamos ni pío sobre "soccer", pero 16 clubes entrando a playoffs en definitivo causaría bastantes ganancias para las franquicias, los peloteros, o simplemente destinar una figura como colchón para el balance de planilla de expansión. Existe un ala volando bajita y con potencia, distancia y frecuencia muy responsable de la bonanza actual. MLB Community se encarga de todo lo que permea la visión altruista. MLB Community contiene su crédito y distribución de apoyo social en panorama formidable. No parece ser un "quiz" sobre espacio, tiempo y decisiva, sino preparativo en lógica. Punto para capitalizar de lo positivo y por los canales sin zaguán ni excusas. Entonces, expansión mejora la competitividad y trae riquezas mientras cimentando el béisbol en la comunidad—para la fanaticada y aquellos con perspectiva amplia para emprender negocios debe ser la iniciativa a ver si palpamos los rebotes positivos.

Por ende, el mercadeo y las gestiones de la pelota como negocio ahora gozan del dominio experto. Los analistas al frente de los monitores, el lector ya pensando en los efectos al desaparecer las divisiones East, Central y West. El juego del Comodín posee sus encantos. Y si lo remplazamos por series de cinco juegos habría chance de traer lana en más ciudades y regiones. Dinero de postemporada intensa, los fanáticos pagando boletos y mercancías con precios por el cielo. Más importante, verdes que pudiesen costear un pedazo de expansión, ya que inviertes ahora, y en diez años cobras el retorno en grande.

DIME TÚ QUÉ garantiza el DH nunca va a desaparecer, sino que será uniforme en la herencia por la cual la Liga Americana abrazó la idea de envolver alto promedio en base, a lo tradicional del "slugging", lo moderno de OPS (promedio en base + slugging) o utilizando la profundidad del banco. Surgió y Edgar

Martínez, con los Seattle Mariners y produjo la ofensiva nítida en el tipo de bateo que ofrece el DH. Edgar siempre marcó honor a su posición en la alineación. Bateador en 18 campañas, una dañina cualidad para entrar a bases ilustrada en promedio de .415. Observando la tabla del rubio de Dorado High School, Edgar sonó el esferoide y nada más que encima de sus 309 jonrones, marcó 514 dobles. Trajo al plato 1,261 carreras, al bate difícil de sacarlo fuera. Temerario dando leña para extra-bases.

DESDE ENTONCES LA Liga Americana otorga el trofeo al mejor DH a nombre de Edgar. La Liga Nacional podría otorgar tributo a otro empujador de carreras. Sería el 2019 la campaña en la cual intercalamos el uso inédito del Bateador Designado, para propósitos de simulación, que las ondas están que aprietan. De aquí no sabemos si toda esta pepita de tamarindo es necesaria o si es dulce para saborear un béisbol súper rico con mucho cambio positivo por delante.

Al percibir la función de los especializados también lleva peso sobre si se va a dar o se frena hasta la próxima década, no importa quién lleva la carabina en la historieta, todos necesitamos simular un campo de batalla para abrir oportunidades. El béisbol lo ha hecho a cabalidad en el espectro total y su paradigma de cuatro filos. Por eso intentaríamos seguir buscando coherencia cónsona con los objetivos del proyecto. Si nos desenfrenamos a penetrar lo irrelevante, permite pausa, o un respiro profundo hasta ver si hay chance de proporcionar el último instinto hacia un béisbol agigantado.

Ni confiriendo con los espías en el extranjero, ni con la chica de chatarra quantum y perequera, ninguna encrucijada requiere solución hasta situar lo simple, lo fácil del sentido común, lo verídico de la data, y comparar el éxito ante las ocurrencias evolutivas. ¿Existe el Efecto Yadier Molina? El hombre increíble se le zafa a cualquiera. De seguro el Efecto Yadi se conectará al gran proyecto que no resiste mantener estática. Dándonos el lujo en la receptoría, como coach de lanzadores, y como manager. Ave María, tenía que ser parte de la Regla Cardenal. En esta base se puede hacer alarde de sentido común. Es decir, perseguir los retos profundos complementan cada situación en la ciencia del juego. El secreto de ganar es manipular tal ciencia capitalizando de lo que marcha en ejes ejemplares.

SEGÚN WARREN BERGER, en A More Beautiful Question, ¿qué atentarías si supieras que no vas a fallar? O sea, tomar iniciativa con más confianza. Tú y yo tomaríamos alguna acción. Asumiendo para no seguir estático y mantener poder el futuro requiere arranque de simulación y modelaje un nudo arriba explotando y permeando cada faceta del rendimiento. Pregunta: ¿Cómo lo hacen los próceres? ¿Existe diferencia marcada? Primero se cuestiona todo. Cualquier remodelación pronta debe ir en sendas múltiples, debe delegar los deberes de montar todo el aparato en formato de negocios. Aunque sea en una faceta como esta. Imaginativa.

Pero la Institución continúa ensanchando el producto en modos diversos y adaptables, por lo menos en la curiosidad de rediseñar la doctrina actual. Pretender salto a expansión sería comprobar cómo la industria templa la coherencia arbitraria retomando compras y lanzamientos hacia las oportunidades. Ningún competidor gigante de deportes osa poder negociar y travesar los expendios a la misma intensidad.

POR AHÍ ANDA el que asegura tener un mejor método, y nunca sobra el toque imaginativo de mezclar la historia con la filosofía. De salida comienza a sentir que si hasta la última estrofa el chance de avanzar el béisbol con tan ambiciosa pretensión, inadvertidamente gira hacia la fusión de la filosofía moral y política con herramientas analíticas para juzgar la cultura del deporte. Acá no vamos a inculcar la cohesión social, sino que el andamiaje total depende del juicio externo e interno. Aludiendo a filosofía moral, tejiendo béisbol, es planear bajo la tutela de experiencia en el asunto de construcción, desbarate y traspaso de implicaciones. Implicaciones usualmente son conquistables, pese a su naturaleza conflictiva.

El asunto debe informar que llegar a 40 franquicias en una o dos décadas requiere aprovechar las señales de los mercados. Antes de denominar algunos pilares claves a expansión múltiple, asociar el poder, el influjo, la transparencia, la ética, y la buena doctrina de negocios debemos considerar los segmentos rentables y sus opuestos.

Así, lo intrínseco de las cosas geopolíticas toman cautela, tiempo para moler las incógnitas como sea necesario. En Cuba te pueden volar los tímpanos, no obstante, el talento local sigue entre las sombras, pero el beneficio de ejecutar en Circuito largo sería una bendición. Es interesante que las ciudades o regiones selectas para expansión de los equipos en la segunda pata de expansión sean altas en el ranking. Sacramento, Austin y Charlotte entre ellas. Estas ciudades tendrían su día comenzando el 2027. Qué tal Albuquerque. Qué clase de plan, susurraba Abraham con un roncito Abuelo permeando los tres bloquecitos de hielo el cristal de su vaso acariciaba. Con Abraham, el Enterrador de Las Tablas y Ruperto comenzaron los debates en calor.

2 |
EL HOMBRE INVISIBLE

"Al final del día, gerencia responsable significa más dinero para todos. Y casi siempre, mas zapatillas."

~Rick Horrow & Karla Swatek
Beyond The Scoreboard: An Insider's Guide to the Business of Sport

Iba detrás del volante de Escarlata por la Avenida Fernández de Córdoba. Doblando a la izquierda en la gasolinera, los diablos rojos en la intersección haciendo lo que le da la gana y la justicia ahí. Como pude me estacioné en el puesto de helados, me puse a pensar en mi tarea de dos caras, la de explorar si el producto beisbolero se puede avanzar, y ponerlo en papel. El último, inspirado en el respeto al deporte responsable de gran parte del desarrollo de mi inteligencia emocional. El gusto por el béisbol es el espejo con tu imagen tallada al límite de la profundidad del juego y sus pilares. Lo vasto del juego se materializa a diario. La estrategia del juego siempre considera lo que puedes controlar y rogar que el cuidador del diamante logre aminorar la velocidad de la oposición, consistente, con herramientas simples y efectivas.

No es para delinear la dificultad en un juego en grama y otro en universo capitalista. Significa que como en el juego, das el 100%, el precio por pertenecer al sentimiento tribal. Ajustándonos a los designios de la contienda se ejecuta la jugada expedita, contando con lo que tienes a la mano.

EN POCO TIEMPO estaría frente a los Magníficos, quienes sacaban una cantidad enorme de orgullo en proyectos amplios, reducidos a las pequeñeces dentro de los detalles. Era imperativo situar no lo desigual, sino las semejanzas a los acontecimientos en el juego de pelota. Qué podía pasar dentro de 10 minutos; el tiempo dedicado a revisar el manuscrito. Lo que surgiera, mejor quedarse quieto, analizar y disfrutar el viaje. Aquel corto tiempo dio qué pensar. Quizá el subconsciente posee un método de anticipar, como cuando la bola viene de frente y el guante se pone en automático. Es cierto que nunca puede haber seguridad dentro del cuero. Todo eso ya ha sido planchado. Somos maquinaria capaz de aplicar el poder increíble en el compartimiento superior hacia lo grato de visualizar desarrollo. Por eso no me preocupaba, en alguna manera tejer el disfraz buscando la verdad siempre seguirá siendo una jodienda.

Obvio, maquinar victoria en trabajo de dos caras requiere pegar con cola los imprevistos, circunstancias amenazantes, identificarlas y sacarle filo. Para pasar inspección, te preguntas, qué vamos a esbozar y quienes son los personajes de intriga. Nunca olvides los eventos de la era determinan el grueso plausible sin la fábula de la afectación a la corriente prodigiosa montada en ondas acostumbradas al cambio.

ENTRE TANTO, SEGUÍA maquinando, tratando de que fuese verdad. Suponía el despliegue total estaba listo para continuar el mismo modo de éxito captando mercados. Versatilidad, consolidación de logística ante mando y personal con los artificios empalmados en el manual de la práctica por experiencia. No había forma precisa para exponer, sino irnos con el flujo y que ningún taxi abollara el guardafangos de Escarlata. Pronto llegaría a mi destino y necesitaba plasmar sobre la fuerza mayor de frente con las franquicias de expansión. Por delante y en los flancos, en reversa, aludir a las otras fisonomías del béisbol: negocio y filantropía y poder por el cielo. Terreno parejo, sin trampas.

Desde que recuerdo el béisbol ha sido una gran bendición en mi vida. De lo contrario, he llegado a creer que trabajar la cuenta completa en el juego y sus acertijos significa más que una pasión. El béisbol ofrece mucho a muchos. Te hace calentar el brazo. Hace que fortalezcas las herramientas que conoces para enfrentar la confrontación, que es sinónimo de la naturaleza competitiva del béisbol. Es un asunto de números, y según aparecen no hay de otra que lidiar con ellos. El avanzar o seguir estático depende de ello. De otra, irnos acostumbrando a movernos entre capas.

LAS MEMORIAS SE nos fueron cien años atrás. La emergencia de la "Federal League" fue gran desafío a la estructura de las Grandes Ligas. Aquella vez la supremacía del Circuito se tambaleaba. El golpe repentino de expansión masivo puso presión al talento disponible, y al modo en que los dueños de equipo manipulaban a los peloteros.

En 1913, había 16 equipos de Grandes Ligas. En 1914, había 24. La actividad se disparó en utilidades, entre batallas y riesgos multilaterales. Todo comenzó en 1912. La "National Association of Professional Baseball Leagues" no aprobó la entrada de la "United States League". Con ocho equipos en la costa este, la

USL sobrevivió un mes, mientras la "Columbian League" con equipos en el medio-oeste ni abrió la temporada. En 1913 la USL vivió tres días de competencia, surgiendo discusiones sobre su erradicación fugaz.

En 1915, la Federal League se auto-declara liga Mayor, y ya venía con 40 peloteros con autenticidad de juego calada en equipos de las Mayores, y mercadeando hacia 250 peloteros de calibre. Por la explosión en el deseo de ensanchar el béisbol, el talento por igual, paulatinamente debía mejorar para que el telón de entretenimiento siguiera bajando los verdes.

Algo curioso, desde octubre 1912 David L. Fultz, ex jardinero de los Athletics y Highlanders (Yankees) fundó la Baseball Player's Fraternity y para 1913 tenía membresía de 700. La Fraternidad fue de gran impacto a los derechos de los peloteros quienes ya se las ingeniaban para la batalla con los dueños en el sistema de reserva, en lucha por mejores salarios y beneficios.

La idea de llevar la batalla en sombra de fraternidad había llegado. Los peloteros se las arreglaban con un asesor, y recalcamos, en la actualidad la Major League Baseball Players Association (o MLBPA) (o la Asociación de Peloteros) es la negociadora de trabajo para todos los jugadores de Grandes Ligas. Los peloteros, managers, coaches y entrenadores que tienen o han tenido un contrato firmado con un club de Grandes Ligas son elegibles para ser miembros de la Asociación. Contiene tres pilares principales—una unión laboral, el Programa de Licencia de Grupo de Elección de Jugadores (el negocio), y el Fideicomiso de Jugadores de Grandes Ligas en rol de fundación benéfica.

La Asociación funge como representante de negociación colectiva, y desempeña un papel importante en los asuntos comerciales y sin fines de lucro relacionados con las Grandes Ligas. Los peloteros contribuyen mucho al desarrollo del deporte a pesar que durante la temporada no tienen vida propia, sino concentración en jugar para ganar. De otra forma, las obras sociales son emprendimientos privados. En el caso de los peloteros y los equipos, el foco alumbra hacia el fogueo en el diamante. Por tanto, el logro de todos los componentes llegó en la envoltura permeada por utilidad, esfuerzo, responsabilidad, amor al progreso, colaboración, la gracia de la perseverancia y lo inesperado del chance. Como el chance que Don Omar Vizquel se tomaba agarrando la bola a mano calada. Pero Vizquel es Vizquel.

Para fines de lo que me proponía ojeando mi cuaderno Balboa, Ruperto y el Team Magnífico aprobarían no descartar la Asociación en ninguna parte del reformatorio que estábamos por proponer. En esa dirección, Ruperto no había llegado. Al igual que la aparición del gremio que dio pie de lucha basada en pacto de jerarquía, el personaje de Ruperto Alcántara insinuaba que andábamos bajo otra iniciación, y yo era la raja de queso. Era mi asesor, pero su estatus de irregular me ponía nervioso. Tampoco deseaba que me desterraran con el viejo.

A unas escasas cuadras cerca, en la manzana que la comunidad indostana de Vista Hermosa controla, venía el escritor de Piedra Candela. No me hubiese sorprendido si no arribaba en el mismo rol de siempre: irregular. Existen operaciones para no subestimar. En especial, si juegas la esquina caliente para los de Liga Mayor, para los intereses de alguien superior. No nos vamos a desprender del poder y la pujanza de la Asociación ni de la de los poderes en el arsenal, siendo grandes factores a la realidad afluente, y como válvulas de control para la continuidad del juego la fuerza humana detrás del camerino se mueve a las millas de Chaflán. Pero subestimar al béisbol sería subestimar los objetivos de la riqueza. Esta se mueve entre manos y trae las habichuelas a la mesa en la comunidad, a cada franquicia. Más allá del municipio y la red de negocios y trabajo social el béisbol lo hace estupendo.

En cualquier iniciativa con uso de logística amplia, saliendo del cañón, algunas cosas realistas del béisbol piden un escenario para aterrizar en el blanco. Cómo causar efecto sería paralelo a la norma del béisbol organizado. Nos confirieron hacer marcas sobre el plástico en el cuartel. Al llegar al residencial el pizarrón mostraba la realidad:

1) Major League Baseball lidera a todas las entidades deportivas en los planos nacionales e internacionales. 2) Posee competitividad con mucho balance. Casi todos los equipos pueden alcanzar playoffs. 3) La minería de data, hacer máximo de la medición del rendimiento, y uso de la ciencia. 4) El deporte es caro, es un lujo para el consumidor. Los ingresos entran por rutas multilaterales. Los libros no son abiertos, precisar la entrada de riqueza goza de privilegios por derecho al ritmo del capitalismo. 5) Con la captura de talento, desarrollo del ingenio de juego y creatividad en operaciones son pareo uniforme con las predisposiciones. Progreso a base de reparto de ganancias. 6) Un número de regiones geográficas desean clubs mayores; otros llevan interés por montar franquicias finca. 7) Existe un hueco geográfico en el oeste. Expansión requiere remodelar

quién está en la liga, excepto en el modelo todos juegan contra todos. 8) La era de la ventaja contributiva a corporaciones apenas va arrancando. Momento perfecto. 9) Acuerdos cooperativos la gran positiva a la riqueza actual. Creadores de balance competitivo. 10) La juventud tiene el mando a la orden de captar doctrina con la durabilidad física y mental a temprana edad. Asimila el concepto de jugar para ganar en equipo. Los agentes libres ya no firman por periodos largos, y 11) El alcance económico de los peloteros no se ha desarrollado a su potencial. Los jugadores prefieren enfocar en altruismo, la naturaleza del béisbol es altruista, y desarrollar las nuevas generaciones, en perspectiva, la iniciativa de "academia" desencadena el alcance oculto para conseguir una tajada y crédito. ¿No sería prudente elegir a mano un par de esferas orgánicas de MLB, y desarmarlas a continuación, para ver de qué se componen? Otra pregunta para el Gallero.

Exacto el pedazo de consejo que Ruperto me extendió en la terraza apodada "Saigón Lane". En una ventana hiperbólica al estilo de la opinión de Thomas Kuhn, "los cambios históricos del béisbol dependen del avance y la transformación progresiva y acumulativa en formas dinámicas." Sin oponerse a los cambios, por drásticos que parezcan, la Asociación de Peloteros lleva su mérito por aventajar su situación en cuanto a beneficios. Los 30 clubes, también merecen reconocimiento por logros con ayuda de grandes acuerdos. Dicen los escritores Karla Swatek y Rick Horrow, "los dueños del deporte actual son extremadamente colaboradores fuera del campo, tomando decisiones cruciales en grupo. Los asuntos grandes se resuelven en reuniones dos veces al año, por supuesto, en los locales más lujosos".

SALÍ DEL ESTACIONAMIENTO. Procedí hacia la garita de Saigón Chiquita. De seguro, el guardia de seguridad durmiendo con los cachetes sobre la mesa de concreto. El revólver Smith & Wesson en riesgo.

3 |
EL TIEMPO SE NOS VENÍA ENCIMA

"Casi por cien años, el universo del béisbol se ha centrado justo en la frontera de Pensilvania y Ohio".

~Fran Zimniuch
Baseball's New Frontier: A History of Expansion, 1961-1998

Me preguntaba si en vez de fregar la paciencia, hacíamos la casita persuasiva. Eso era otra cosa. ¿A quién le quieres vender esta idea? Fue lo que salió de la lengua de Ruperto. A mucha gente, fue mi primera inspiración y primera ingenuidad. Sólo tendríamos que visualizar la estructura del béisbol organizado. Entonces nos tomamos unos tragos de saril debatiendo en la parte trasera de la Maravilla77 sobre las cuatro metas del béisbol: balance competitivo, crear interés por el juego, ganar y distribuir devengos, y contribución a la comunidad. Expansión elevaría estos objetivos a escalera superior.

Aquel día, en algún compartimiento de la memoria. La mañana, al despertar tarde. Alrededor del mismo quiosco de piraguas andaba el Loco de la Colina. La primera vez que lo vi acariciando un modelo de avión de caza finamente elaborado de relleno de embalaje. Le ofrecí algo por el modelo, encogió los hombros, y realicé la vaina no estaba a la venta. Peor, el muchacho flaco con rastros negroides no tenía la capacidad para conversar. Me había contado el despachador de jugos que estudió en una prestigiosa academia de aviación en Estados Unidos. Fue brillante y de la noche a la mañana perdió la cabeza. Sin noción, se las arregla para sobrevivir en el parque. En dos ocasiones recientes lo vi empujando un bloque de hielo y provisiones en un carrito de supermercado de la Casa de la Carne en San Francisco. Por lo menos, la gente de las piraguas, antes de darle pescado han comprendido que aún puede pescar. Lo tienen bajo control para su bien, pues para el gobierno—plin y a la madama dulce coco. La realidad, yo tampoco he desarrollado mi potencial para conversación, y siento que es motivo fuerte para explorar y opinar pronósticos hasta dónde permita el papel y tu ayuda desglosando cualquier conexión, ya sea individual, colectiva, personal o impulsiva. Culpable por asociación, y si el Loco de la Colina me hubiese vendido el aeroplano, te juraría el entorno y las razones para converger en el vetusto parque, el maestro Einstein no se equivocó. Imaginación.

Desde aquel día estuvimos imaginando con sentido común y evidencia. De ahí depende elevar el nivel del juego de pelota a través de expansión. Vale la pena incurrir en riesgos, la interferencia a la brega cotidiana del juego se puede afectar en juego y negocio. Que no perdamos la cabeza.

Al anticipar expansión, algunas corrientes de ascendencia darán favor por intereses. Realidad nos presenta, entre la historia, la producción bárbara actual en la era dorada se rige como narrativa de guerras secretas por control. En el pasado, el interés por el control lideró la jornada de resentimientos, los errores invaluables como lecciones a la perfección bien conocida por los eminentes.

No obstante, el lucro transformó desastre a comodidad y todo se tornó en momentos de ganar-ganar. Había arribado la era dónde desvelas esas lecciones y las aplicas al método colaborativo. Créanlo o no, las acciones de repartir el botín equitativo al esfuerzo productivo supera cualquiera otra corriente ante el empuje de la jornada. ¿Creatividad en traer el juego a la poltrona y pantalla súper ancha? ¿Cuántas zapatillas vendimos? ¿Nos importa remodelar estadios, diríamos, uniforme alrededor de 42,000 asientos? La figura viene de pensar en lo mínimo para seguir en posición de remontar a la postemporada.

¿Y si la idea devuelve el debate que ensanchar resultará en un tope de salario? No se nota, por el control increíble en la naturaleza del negocio, y la distribución de la riqueza sigue el flujo del capitalismo. También ya la Asociación tiene bajo plancha los beneficios de los peloteros y con el plan bajo la manga. Topes de salarios no pueden ser objeto de evaluación. El espectro del negocio y el balance existente en la escala de poder organizacional no permite sacudir las cantidades logradas con mucho sudor y lucha. El sistema de repartos de ingresos se considera un tope de salario, pero el menos dañino. Es suave y manejable y es responsable del balance actual.

¿Y qué del auge actual? Las formas de invertir y ganar dinero son versátiles. Nadie quiere hablar de interrumpir una cálida y cuantiosa remuneración por jugar pelota en territorio capitalista. Mike Ozanian, en la revista Forbes, indica que el ingreso promedio y el ingreso operativo (ganancias antes de intereses, impuestos, depreciación y amortización) para los 30 equipos de la MLB fueron sobre $315 millones y $29 millones, respectivamente, en la temporada 2017. Los ingresos aumentaron 4.7% con respecto a 2016, principalmente debido a más televisión, asientos y palcos de lujo y dinero del patrocinio. Mientras tanto, los ingresos operativos cayeron un 17% principalmente debido a un mayor gasto en mercadeo, desarrollo de jugadores y analítica.

Lo factual en la referencia, en servicio al honor de no remontar lo remoto, antes de maniobrar táctica en los segmentos inéditos, chequea la condición actual. Ya dijimos es efecto de la causa de usar el artilugio en el campo y sobre las gradas, y vender y lograr que la fanaticada ausente del estadio vea la vaina por dispositivos digitales. Situaciones de ganar-ganar son la norma.

Entre la corriente, el capitalismo no provee ninguna otra forma para reorientar empleo versus paga, sino mantener control, agilizar liderazgo y los poderes de los estudios, así como el singular conocimiento humano y la perspectiva amplia de los expertos adentro.

¿Pero a dónde va el dinero por pagar tanto "hotdog" y pintas a $8? Estamos seguros mucho hoy ha cambiado. Si no existiese prosperidad bárbara no fuese por el apoyo de la fanaticada y la cadena de negocios tejiendo cada segundo mientras lees y te apasiona comprender el pliegue dónde se recoge la punzada en la persuasiva. Dominar el juego y sus cadenas de negocio ha sido, para los adinerados, la estampa viendo el mismo éxito con la misma curiosidad, y los operadores de "front office" en todas las franquicias merecen crédito por mantener la cuerda de negocios templada y amaestrada en el trajín constante entre acuerdos de distribución. El éxito con el lujo de los deportes es sumamente pronosticable por ser especializado. Nos atrae aceptar preferencia por lo colectivo, lo ávido de lo rentable para compartir el fruto.

¿Qué tal si en 10 años los inversionistas reciben la tajada diferida con intereses? En sugerencia adicional al optimismo racional en mutua cooperación y decisión compartida—los réditos, la ruta y la distribución de utilidades a muchas fuentes es parte del secreto en las guerras de poder. Ya aquello es historia, ahora la prosperidad manda. Hoy el prestigio se concentra en la cooperación. Aquellas batallas por el dominio por poco tiran el juego por el risco. A la prima contemporánea, la maquinaria para hacer dinero enriquece a todos. Según las referencias intercalan el avance de ganancias fluyendo a todos, comenzamos a imaginar quienes se llevan la lana. Las actitudes y fortitudes de repartir riqueza han girado a lo positivo con posibilidad de emprender una agenda mayor.

Obvio y seguro, los de imaginación corta dirán no vale la pena concentrarse en la iniciativa. Vale el riesgo utilizando el mismo control que casi descarrila el tren de riqueza. Ninguna iniciativa se desliga de la contienda. 162 juegos seguirán siendo la norma.

Llegar y ganar la Serie Mundial es otro tipo de guerra de poderes poniendo presión a seguir sin muchos cambios en la estructura. Llegas si no sufres rasguños, si la lista de lesionados no te frena ímpetu. Manteniendo la contienda actual acorde con las reglas y el manual de verano en esperanza el otoño enseñe olfato a más billetes por el esfuerzo de equipo y perfeccionamiento de las funciones. Tendríamos que analizar qué hace intensa la postemporada, por ejemplo, y desarrollar energía acorde. Primero comprendemos que hacer cambios drásticos no es fácil en este mundo de competencia, de lujo, entre riesgos, y segundo, las oportunidades requieren dinámica.

Eso, sin dejar preciadas anécdotas por fuera, el riesgo es otra dimensión para otra disertación con ángulos igual de profundos, en cada acto de reingeniería. Sobre la reorganización de MLB, demasiado arriba antes de situar el nivel de recursos requerido. Nadie se quiere desprender de jugar más juegos contra los mismos dentro de la división geográfica, la temática de contratos y salarios se mantiene secreta entre agentes de peloteros y gerentes generales. Hasta existe la excusa que no se debe expurgar situaciones que puedan afectar la tradición. Pero la idea de reorganizar, en el fondo, puede generar iniciativas para que las generaciones futuras no tengan que absorber la deuda por la construcción de estadios nuevos.

Al nivel de MLB debe ser como comerse un maní, pues a la altura, la analítica es de calibre para hacer ver la jugada fácil. MLB posee alto octanaje en constitución de analítica humana y la inspirada por tradición y el empalme del manual de desarrollo de juego, la tecnología y en las actividades de juego y de negocios. El hábito que emana, como en el juego, es perfeccionista. No íbamos a utilizar vocabulario evasivo. Íbamos a probar de frente que el fútbol hoy se fue de fiesta. A la larga, víctima de la casualidad. ¿Y si la propuesta pega?

Así se inició lo extraño para otro ciclo a la talla de "foro protegido", aunque sabíamos los opulentos no desean mucho revoloteo con una composición y disposición absolutamente rentable. Pretender expansión es parte de las instancias a causa de lo histórico y lo tradicional. Mientras, vamos ideando cómo podemos disertar la maravilla. Ya vemos tierra firme.

Más allá de la imaginación, no se necesita conciencia adicional para darse cuenta. Crecer clubes adicionales es la forma segura y factible para agrandar el béisbol. Y no hay manera exacta de percibirlo. No es preciso cómo incluir el concepto de la academia como parte de las suscripciones a las ligas menores. Suponga que todo el mundo quiere contendientes decentes, el aumento de los beneficios, y estar dispuestos a salir del cuento de hadas construyendo estadios nuevos. Considera el costo para los fanáticos que pagan por apoyar el juego que amamos, y ya no se escucha "estamos mudando la franquicia a otro lado". Importa mejor una inversión por todos, al final todos serían dueños de expansión. El dinero sí importa, y los sucesos favorables en el florecimiento cambian a cada minuto.

En cuanto al potencial del valor de las franquicias, de acuerdo con Michael J. Haupert, profesor de Economía en la Universidad de Wisconsin-La Crosse: "El béisbol ha sido sobre las ganancias desde la primera cuota de admisión se cobró. La primera liga profesional, la Asociación Nacional, fundada en 1871, cobró una cuota de franquicia de $10. Los últimos equipos que se unieron a MLB, pagaron 130 millones de dólares por el privilegio en 1998". Hoy el dinero está totalmente disponible para cualquier aventura, pero casi todo el mundo tiene una opinión económica derivada de la perspectiva individual de aprovechar el significado de los mercados de pelota dura. El estado de sobrevivir o perecer como ligas y clubs individuales puede resultar el punto de reunión.

Dentro de cada organización, siempre existe una constante molestia para inclinar favorablemente las escalas. Los clubes prefieren operar con los libros cerrados, y si está en las normas, un asunto a considerar es conversar los beneficios mutuos al unificar los logros y los elementos de avance como producto.

MLB es apta para llenar los estadios. Acordamos situarla al tope de las entretenedoras deportivas. Vimos en 2017 la postemporada más intensa, y por ser líder en combinar béisbol real con la perspicacia de traer el juego a nuestros hogares en forma digital.

Nadie diría no a la hora de escoger a MLB para tan amplia propuesta. Lo mismo obtuvimos de un sinnúmero de personas, quienes opinaron libre. Otras industrias necesitan emprender este modo para mejoramiento propio y establecer continuidad de lo noble del deporte. Ante todo, razonar las partes amplias y que en automático se emprenda acción de ver las ventajas a través de expansión y aprovechar la era de la reducción de impuestos corporativos.

Catalogando los dominios en campo de equipos cohesivos no existe fórmula mágica exacta por lo aleatorio del juego y el mercado, pero resuelves por indagar ciertas características del entorno con la solución radical en el fondo pensando en lo valioso de los equipos cohesivos con alcances en recursos.

En ese mismo sentido, los escritores cubren todo el aspecto del juego. A todos niveles, nosotros los del reto redactor traemos a la memoria las etapas del juego. Los elementos del juego ejercen en el proceso de retransmitir el camino próspero como características siempre en vela por oportunidades. Sin embargo, todo está en las olas de ensayo y error.

No lejos del potencial, la parte altruista del proyecto es perfecta para la sociedad. Reconocer el ancla del sentido común es paralelo a una preocupación natural y legítima en cualquier momento con grandes superficies para reorganización. Mantén una organización exitosa estacionaria y Murphy la derribará. Quédate con un club mediocre y mira a la oposición tomar la bandera de la división y un anillo. Las nuevas oportunidades requieren acciones. Una es no actuar. Otra es comprobar la factibilidad, y otra va adelante sin mirar atrás.

Últimamente los mercados pequeños han hecho excepcionalmente bien entre modalidades jugando contra los Goliat en las principales ciudades suburbanas. Las opciones hacen que el desarrollo de los cursos de acción sea el orden. Qué tal el diseño de una plantilla de decisión para ordenar una serie de aspectos singulares que logren felicidad mutua.

Hoy en día la organización de ligas depende de emprendimientos cooperativos fuera del terreno de juego con equipos en participación conjunta en prácticas numerosas para maximizar las ganancias de la entidad colectiva. Se ha desarrollado un sistema complejo con implicaciones en sus políticas y reglas. Para cada implicación, las reglas sirven como control. Métricas y analítica guían todo el proceso, aún bajo la instancia de cambiar la fachada.

Podemos explorar la vecindad para reunir lo difícil que es llegar a ganar la Serie Mundial, pero esa ha sido la realidad tradicional. Ningún equipo de expansión pasada experimentó la ventaja de la asociación forjada por apoyo colectivo desde varios ángulos. Optimizando el predominio de los peloteros desde los recién llegados de las Menores de vuelta al barrio indirectamente aumentará el valor unificado en la localidad. El apoyo que podemos construir desarrollando la clonación local del béisbol con la

Academia HomeGrown y la conexión de todos los programas juveniles podría ser la joya que da exenciones fiscales sin recurrir a la manipulación de los impuestos.

En 1987, los Dodgers de Los Ángeles abrieron Campo Las Palmas, la visionaria academia dominicana de béisbol de Ralph Ávila. Sus muchos firmantes de Grandes Ligas incluyen a Pedro y Ramón Martínez, Raul Mondesí y José Offerman. El historiador Alan Klein escribió en su libro Sugarball: "Nada tipifica la nueva dirección del béisbol dominicano tanto como la academia de béisbol, una institución arraigada en la presencia creciente y el paternalismo benévolo de los intereses norteamericanos del béisbol en el país". Ralph Ávila construyó la primera academia de béisbol en la República Dominicana en 1977. En su descripción de las academias de béisbol en la República Dominicana, Alan Klein escribió: "Lo que hace la academia trabajando con los jugadores dominicanos va más allá de enseñar habilidades de béisbol. Enseñan preparación profesional, socialización y cómo enfrentar los cambios culturales que enfrentarán en Estados Unidos. Bonito concepto con la incógnita del día. ¿Qué posee la sociedad para no actuar con la HomeGrown? Es obvio, la idea no es nueva. Es antigua la acción de permitir que las ligas juveniles sigan jugando pelota a lo individual. La HomeGrown sería la coordinadora en socialización.

La estructura de ligas permite que los equipos instituyan constituciones que gobiernan el lugar de sus franquicias, las condiciones de entrada a la liga y reubicación dentro de la liga. El mercado laboral de peloteros y las reglas para competir permite a los equipos sus derechos de radiodifusión para negociación y venta. Infinidad de intangibles como las inminencias y métodos del "draft" e innumerables negociaciones sobre el talento que es el núcleo para ganar juegos, luego series, para traer el banderín de la liga a casa, y jugar intenso en postemporada y Serie Mundial.

Hasta existen métricas para invertir y gastar una cantidad específica de dinero para cada victoria. Todo esto, pegado con resina al dominio de los jugadores en espera por modificación y potenciación.

Ante esto no podemos evadir los problemas y retos. Negociación y manejo de conflictos, gracias a Dios, son un fuerte. El regalo del sistema es un cheque del Fondo Central para hacer con él lo que sea por orden del acuerdo de repartición. Cualquier cosa puede suceder con una buena dosis de suerte, y que no falte la química de las estrellas entreteniendo en el estadio y por dispositivos digitales. Que no falte la sabiduría de aquellos que crean bienaventuranza para todos.

PREVIO A RODAR el tiraje final de este libro me percibí sentado ante aquella imponente computadora y el equipo a su disposición. Alma le caía al proyecto como anillo justo al dedo. La descripción física, indescriptible. No me la introdujeron como hubiese querido por experiencia de primera impresión. Deseaba conocer la Maravilla 77. Ni resolvía cualquier duda y noté que el tema de hoy cubría su terreno al estilo de Ricky Ledee patrullando un bombo profundo entre el bosque central y el derecho. Haciendo ver la jugada fácil. Pudo haber sido Cheíto Cruz Jr. o Bernie Williams, o Kenny Griffey. Pudo haber sido al entrar desde el brutal tranque vehicular afuera de la garita en la avenida principal. De todos modos, había que apelar al ingenio con destrezas similares y el nivel por el cielo. Llegué guiado por Escarlata, la troca Ford de 1940. La estacioné, leí las previas siete páginas en mi borrador. Necesitaba estar seguro esto no era sobre "soccer". Ni el gato con dengue se lo creía.

Por eso el estruendo de una voz vino a estrellarse en la capota de la Ford. Anunciaban un baile de pindín en la noche en el Jardín Cosita Buena. En la noche que Don Ruperto Alcántara presentaría Círculo Cero, otra versión de Dédalo la novela de las décadas. Ya que con la ayuda que no tiene precio, el Don de las tierras altas, precisamente venía entrando en taxi amarillo al residencial. La disciplina de trabajo nos comprometía con lo de ahora. Si eran peleas de gallos, chance para ver lo bien que Ruperto canaliza gallos. En crónicas de pelota, el ilustre.

Tremendo preparador de torneos, el hombre que cabalgó las montañas, en las angostas sendas, el pasillo Boquete a Cerro Punta. De la Provincia Independiente de Chiriquí, común escuchar sus crónicas sobre Virgilio Kaa y Candelilla. Gracias Don Ruperto, sin su lustre esta bota no pasaría la inspección de mis sargentos, el que quiera el repertorio del conocimiento. O sea, consolidar el recurso y mantenerlo simple.

En cómo las estrellas pusieron su granito de destrezas, el mismo potencial siempre asciende a la instancia del chance. Estuvimos ofreciendo cambios drásticos, pese la actitud de considerar la simpleza, la característica con gran probabilidad de nunca ser puesta en contexto, si la temática es "reformatear" lo impenetrable de las Mayores. La interjección aludiendo al entorno corporativo en lo común de los ejecutivos buscar la solución mágica para elevar la competitividad. A manera de ejemplo, con fidelidad a la compañía interponiéndose y defendiendo la integridad individual y colectiva.

LA ERA 2018-2026 tampoco es varita de Houdini. El último éxito demuestra el deporte sigue en subida. Igual, nos ha enseñado a depender de la percepción. En cuanto al irregular de Ruperto, esta vez Residente lo trajo, y yo lo utilicé. Ruperto lo sabe, que lo utilizo, y sospecho, Ruperto siendo oriundo de tierras fértiles en béisbol, no le importa lo que dicen por los medios referente a su afición por los gallos. A su diestra, Oliver y los Intelectuales ávidos por la penetración de servidores. Exacto, Matienzo y Marín el cajón al otro espectro en la misma cancha capitalista. Ahora su swing llevaba estampa de piratería de moneda electrónica.

    Mientras nos comportáramos a la talla del protocolo, en el Jardín Cosita Buena discutiríamos el andamiaje de las ligas y sus nuevos factores de mercado. Nos enfrascaríamos en supervivencia de perros de tinacos, en oposición a que los Cardinals jueguen 18 juegos con los Cubs. Contra los Mets ambos juegan 11 juegos. El gran desequilibrio y una solución mágica. Borra del mapa las divisiones geográficas. Vamos a reposicionar la Liga Americana, mayormente en el este. La Liga Nacional en el oeste. Existe posibilidad sea una alternancia de nombres si así lo dispone el liderazgo por dentro. Si te parece cosa hermética, no lo es. No es una guayaba, y el esfuerzo será por lo menos tema expuesto al libre albedrío, quizá a la final debate para locuaces.

PERCIBÍ DESCOMPONER Y modificar sin demasiado adelanto, sin perder perspectiva sobre la tarea creando el cajón y pensando afuera de él. Nos da qué pensar crear seis franquicias nuevas y el engranaje de fincas. Por el techo, a menos no hables con tus compañeros de andadas. Lo mismo que estuvimos desojando en la faceta de reconocimiento, para llevar la opinión en tono convincente y haciendo las paces al subirse el tonito reacio en algunos sectores de la audiencia. Estrechando la diatriba en la plantilla decisional que todos somos. Luego confieres con la supercomputadora que nunca falla dando consejos. Para luego era tarde.

QUÉ CLASE DE cordel entre jardineros. No tiene que ser fácil, dijo Alma mientras los Magníficos escuchaban atentos en el lado de su huevo en la mesa ovalada. Cada uno con una copia del manuscrito en mente para diálogo rígido pero libre. Yo había enarbolado y desojado el texto percibiendo potencial en las facultades de los ejecutivos. Si montar las ligas menores es tarea para los propietarios de equipos y estadios, ¿por qué no invitarlos a que expongan su rol? ¿La reacción en cuanto al método gobernativo? ¿Cómo avanzamos el rol de la Academia HomeGrown coordinando las ligas juveniles?

No se me debía olvidar esa, y los Magníficos aseguraron la HomeGrown es la llave maestra al interés por el juego. Le añades el aporte de peloteros con experiencia en el ámbito superior.

4 |
AGENDA 2018-2026

"En 1961, Tony Oliva, tres veces campeón bate fue dejado libre por los Mellizos de Minnesota en su primer día de entrenamiento de primavera después de haber firmado por unos obscenos $200. Los Twins no pensaron que Tony podía batear".

~Marcos Bretón & José Luis Villegas
Away Games: The life and times of a latin baseball player

No tiene que ser una guayaba si cuentas tu fábula a tu propio estilo, sin sorprender a nadie, resultó ser la contesta bonita de Alma, la madre de la data en Saigón Chiquita.

Encima, prepara un número de incógnitas en papel y revísalas a menudo—había sugerido ayer un muchachito de octavo grado en la Escuela de Puerto Rico. Desde entonces comprendí que son unos bárbaros los nenes de la Escuela de Puerto Rico a la hipérbole de querer jugar, disfrutar ganando para la satisfacción del manager o de seguro, un jalón de orejas de la maestra. Al instante supe esta generación X, Y, o lo que fuese, sabía y creía en "soccer", pero también les atraía la profundidad del béisbol, a la efigie de varios profesores y administrativos sentados alrededor de los nenes.

Elmer Giralt era el moderador en jefe en aquella instancia. Entrar al MEDUCA de Panamá y ser acogidos en forma tan calurosa no es fácil, pero todo fue un impulso. El gremio de la construcción estaba en huelga cerrando calles, pero los maestros se las ingeniaron y trajeron las mejores mentes. Al entrar con los motetes al colegio, miramos al pizarrón. En particular, los estudiantes de Escuela de Puerto Rico nos sorprendieron por la puerta trasera. Trazaron una línea singular con nombre propio:

AGENDA 2018-2026

SI SIGUES PENSANDO lo mismo que yo, es verdad, el propósito de la memoria es futurista—vamos en el mismo renglón. Siempre que necesites apoyo dándole balance a la cosa ponle tono imaginativo, pero no vayas con Branch Rickey. De seguro te dice el zurdo detrás del establo tiene dolor de brazo o problemas con la curva. Poner suficiente atención a la situación, de súbito, en la que nos metimos. Cómo no iba a ser. Por eso escogimos dar mentoría y en cada escuelita creamos un aire sobre la importancia de los temas ortodoxos. AGENDA 2018-2026 surgió de aquella memoria, pues detrás de las grandes ideas brilla algún tipo de valor ajustable al beneficio futuro. Hora de vestir a Caperucita a su talla perfecta.

Por eso, asumiendo la Agenda es objetivo claro, llegando a ignorar la edificación de un estatus independiente pero ajustable, importante librarnos del estatus quo. A pesar el estatus quo lleva una razón por dentro, tanto como lo que incumbe a los portentosos para conservar bienestar. La apreciación de los pilares de organización es algo interesante para marcar en el mapa las intenciones claves—las vigas sosteniendo el deporte no desean desaprovechar cotización alta, a menos que no se venda o se reubique la franquicia. A menos que no se atente (aun sea mítico) contra un sistema en alto alcance de metas engendradas, desde 1922, año que se proclamó el Béisbol está exento de prácticas y categorías antimonopolio, por si las dudas. El beneficio antimonopolio es probablemente la piedra con peso incómodo, la cual en lo contemporáneo es casi nula hasta que se hipoteca el valor, y quizás asociar uso del valor sea otra buena vibra en la corriente diseñadora de estrategias para una decisión unificada.

Antes de modificar el juego y su banca y recursos para jugar y ganar, el valor en la cadena entrelazando el deporte es el impulsor de rentabilidad no exactamente cuantificada, sino multilateral. Dime otra cosa que nadie sepa. MLB encabeza la lista con franquicias poderosas y lucrativas. Hay gran apalancamiento en contratos de transmisión televisiva. Se venden los derechos exclusivos, pero los dueños de los equipos tienen gran participación. Cada juego genera ingresos por derechos, cuotas de afiliación y publicidad.

FUERA DE UN buen jalón de orejas, una cosa era clara entre intriga. El tiempo se nos venía encima. Tampoco estábamos tejiendo cosas simples. Asumimos moderar a los pupilos en la loma y como objetivo, el proyecto siempre pidió enfoque en sectores alejados del deporte. ¿Actuaban los muchachitos a favor de ver crecer el deporte, o ponían su granito de visión, aún fuese ilusión troyana? Al final descubrimos fueron ávidos por expresar el deporte merita se le dé su lugar. Nos pusieron en manos de la referencia con todo y las ronchas en los pies por la marcha en los callejones y zaguanes de Pueblo Nuevo para subir a la escuelita. Preguntándoles a los ciudadanos que creen, y muchos indicaron no sólo las Ligas Mayores deben montar el Caballo de Troya, sino todo estrato empresarial con espacio para crecer. Un hombre preguntó, ¿se puede desarrollar esto en el baloncesto? Le contesté la idea no aplica a la competencia, hasta que MLB vaya por delante, y otros no quieran seguir abajo.

De otro modo, no vamos a descifrar el juego apegado a batallas sangrientas con bate de bambú. Igual al callejón de mi niñez, si no bateas por segunda es "foul," y estás puesto fuera y tienes que cruzar el cerco de púas a buscar la bola. Esa era otra investigación, y de repente no me quedaba por plasmar que estuvimos llevando los principios en Tejeduría del Béisbol a todos los niveles de opinión y a los confines de las sugerencias. Es fácil jurar que sesenta por ciento de este libro fue machacado por gente entre 14 a 21 años de edad. La mayoría comprende ahora las Mayores y sus asociados pueden reestructurar las actividades para mejor balance en todas sus metas. Fueron inteligentes en pronosticar decisiones duras para ejecutivos, pero fascinantes por su atracción hacia lo que ocurre en el juego mientras expresas los detalles humildes e inocentes del béisbol.

NO FUE NECESARIO inventar taller de fútbol para convencer la chiquillada del barrio que Pelé es el papacito de Ronaldo y los otros. Historia vieja, e irreparablemente, la diatriba constituía otro encargo tarde si para más luego. Andábamos desde principios del Siglo 21 pensando en la visión y estrategia a la talla de una obsesión extrema. Me concreté a escuchar tomando notas mientras Residente ilustraba el potencial oculto a la mirada de los Magníficos. Acertó que ningún trajín en el béisbol carece de una escuadra de mentores. Jóvenes y veteranos. Me concreté a poner sus proezas en el mapa de desierto al estilo que un comandante impone su psicología de decisiones en maniobras. Si no te va bien le brincas al oficial de inteligencia.

Habría que enfocar aplicando memoria a la supervivencia del mañana. Sin emplazar tradición sobre la ciencia de la curiosidad poniendo afán y salga lo que fuese, da qué pensar. Al intentar diseñar el futuro hay que desplegar un nivel variado de realismo entrelazando lo amplio de los factores económicos, políticos y sociales. Si manejar y sobrepasar condiciones inesperadas, habría razón para llamar una reunión y desencadenar el proceso con curiosidad única.

Montar nueve subscripciones de finca por cada franquicia de expansión requiere profundidad de capital y talento. Por eso el sentido común de la cooperación es el modo de la sorpresa. Los dueños de estadios, en consorcio, podrían costear las remodelaciones de estadios para acoger expansión a nivel Mayor. Expansión no necesita el costo innecesario en estadios nuevos. Excepto cuando te topas con la situación de Las Vegas. Ya se sacó la primera pala de tierra para la construcción de Las Vegas Park, estadio con capacidad para 10,000 fanáticos, y ya el costo va por $150 millones. El viejo Cashman Field, hogar de los 51's en la Liga de la Costa del Pacífico se deterioró, y mientras exista la necesidad de mantener la franquicia de triple A en Las Vegas, también se hace difícil establecer equipo de Mayores. En San Antonio, en 1919 los Missions siguen jugando en el Estadio Municipal Nelson Wollf, pero con traslado de la Liga de Texas (AA) a la Liga de la Costa del Pacífico (AAA). Definitivamente grandes retos, pues ya existen arreglos de estadía de equipos Menores, pero no imposible el reformateo si los de la élite comienzan a discutir expansión.

EL MUNDO DEL mejor béisbol se la juega formidable en el equipo grande. En la finca, las fragancias no carecen de aprender disciplina y refinamiento del carácter. Dominar la cátedra para jugar arriba conlleva mucho aprendizaje, y gran parte del talento se pierde mientras aquellos preeminentes que ahora no son parte del sueño de llegar arriba se desvanecen en la sociedad. Si prometemos diseñar un programa académico para desarrollar el béisbol, no sería la señal precisa al potencial del pilar experto penetrando el municipio. De salida, similar a exponer el método secreto de jugar en acople. En seguidilla, el recibimiento de una franquicia significa esperanza para el pueblo enarbolado por los terribles males acechando las debilidades hogareñas y el caos social que no toma prisioneros. Tan implacable como suena, potenciación de los grandes valores en los pilares de MLB insta a ver no solo capital, sino que abarca el espectro creador de riqueza. El legado de expansión en otras regiones y épocas habla por sí solo.

    Y no fue hasta 1998 que surgieron los Diamondbacks de Arizona y los Devil Rays de Tampa, lo último en la avenida. Hasta ese entonces, todos conocemos la norma de expandir dos equipos a la vez, y están pasando décadas y no aumenta la participación. Quizá sugerimos tomar una decisión demasiado estrecha considerando la narrativa de urgencia como para impacto si andas en ideas y perspectivas persuasivas sin esquivar las repercusiones.

Los aspectos degradadores del proyecto pueden ser oportunidades ocultas. Desde aquí hasta la última palabra, Agenda 2018-2026 puede ser el paso crucial en ruta a cuarenta franquicias para los comicios del 2030. En una nuez, los años 2018-19 son tiempo para pensar, organizar y negociar a lo interno. Son posibilidad de arranque, avanzando anclado en las cualidades, características, el drama y el sueño de balance al competir, lograr interés por el juego, aumentar los ingresos y su distribución, y cuadrar el exponencial en contribución a la sociedad.

La última incógnita sería realinear los equipos en las ligas, hacer uniforme el Bateador Designado, convertir el Comodín a serie de cinco juegos, y doblar a 16 los contendientes en postemporada. A nivel de otros pilares tan importantes y con alcance nunca descartes el poder del Salón de la Fama, de la Asociación de Peloteros, del Buró de Escuchas MLB, y SABR. Como Sociedad del Béisbol Americano, SABR posee mucho alcance. Hay cabida para visualizar cuán tanto poder se delegaría a la Entidad de Operaciones. Por suerte tres cuartos del proceso ya están congelados en los servidores de data, y por la harmonía desplegada, hasta los aspectos mundanos dentro de la obsesión que llamamos pelota estarían de acuerdo si trae beneficio colectivo. Qué tal una opinión analítica de Baseball Prospectus y el potencial de MLBAM a ser manejador de expansión; si MLB entregase las llaves de franquicias. La alianza con Major League Advanced Media, el gran contrato que ha estabilizado todo lo pertinente a ganancias netas ha sido resultado de tan atinada estrategia.

BAM hizo contrato a nivel superior, y contratos separados con todas las franquicias. El retorno de la inversión ha sido saludable. Para el año 2017, el valor de marca de MLBAM fue de $2.4 mil millones, por eso no estamos hablando paja.

AHÍ LO QUE se necesita. Una vuelta a ritmo de grupo color añil. El béisbol necesita una línea de tiempo o alrededor de diez años, o figurable, cortando por delante la cinta, si la meta es 40 clubes. No se puede asesorar toda la movida en tan pocas páginas, pero sí se puede jurar con BAM a la cabeza iríamos confiados. A menos que con MLBAM por delante manejando franquicias de expansión, y cualquier desequilibrio al que se respete, todo se refleja en delegar las piezas claves a la élite de resultados. Sin desencadenar la caballería de reserva demasiado temprano.

Bienvenido a la era de los negocios, tiempos de fortaleza para carreteras, puentes y vías alternas. Instiga saber si allá en el oeste hay minería para explotación. ¿Cómo la enorme población de Montreal explotaría la oportunidad para no volver a perder la franquicia? Desconocemos, pero por química de grupos por supuesto, que para los que han tenido el privilegio de jugar pelota, este es el espacio dificultoso que no recomendamos si no quieres involucrarte en un juego con intensidad y mucho que perder.

El tanque de pensamiento reside adentro, entre las ramas que mantienen el deporte en óptimo esplendor con la gracia del consenso juicioso usual. Además, un nuevo modelo de negociación puede cambiar el juego para siempre, aunque aquí delegamos a los de adentro la confección real en base a este simulacro. La buena práctica de pensar sobre la llave trasera en la cooperación sería iniciativa plausible siempre se siga apoyando los objetivos de dominar el juego en su totalidad. El béisbol es una sociedad jugada como un juego, y probablemente la principal razón para crecer en beneficio de todos. No hay problema de lo que esta idea pueda caber en las opiniones individuales ni en qué basurero aterriza. La importancia reside en el hecho de que la evolución de la economía del béisbol finalmente terminará en un nuevo modelo. Hay insinuaciones la reposición geográfica requeriría un plan por separado. Por supuesto, una serie de planes, cada uno a su maña. A medida que nos adentramos en los acuerdos CBA (Acuerdo de Negociación Colectiva) 2017-2021, quién no estaría interesado en resultados.

¿Quién no estaría expandiendo la visión sobre el regreso de Montreal? ¿Estaríamos interesados en una franquicia altamente competitiva en Oklahoma? ¿Tal vez usted está interesado en visitar el Paseo del Río a ver los San Antonio Broncos buscar un puesto en la postemporada? Si es así, la conquista del oeste ya ha formulado sus propias opiniones. Estamos generando una lluvia de ideas útiles.

Hablar de los mercados y el dinero en grandes cantidades tienden a difuminar la posibilidad de éxito. Una cosa lleva a otra. Al final lo que vale es una tonelada persuasiva con los estudios de mercados. Los sistemas de control ya establecidos pueden actuar como pilares a un ejercicio más condensado. ¿Y qué de las alianzas contemporáneas para dar el salto?

QUÉ TAL SI en vez de cráneo rompemos el tiesto en dirección a crear políticas de funciones con el uso del contexto histórico. Tienes que hacer tu propio trabajo en una trayectoria de comunicación, conflictos y batallas laborales. Desde lo formidable de las alianzas, se busca distribuir los recursos en ecuanimidad, lo que ha sido la fortaleza actual. Entonces ponderamos qué hubiese ocurrido si los peloteros no hubiesen recurrido a la estratégica unionista para nivelar sus beneficios ante una profesión que te arrebata gran porción de tu vida familiar y personal. En realidad, ponderar todos estos nudos es verificar el resultado individual o en compartimientos que traen y llevan el juego al plano nacional e internacional. Pero no es hasta que formamos una imagen de descomponer el "make-up" funcional del departamento y le aplicas creatividad, a veces en escenario extremo. Para eso, Agenda 2018-2026 parece por lo menos poseer cualidades extremas.

Lo nítido en la simulación es que no existe una forma precisa para plasmar tinta en recorrido beisbolista. Pero sí se puede pensar libre sobre el record organizativo de MLB. Intuimos pasando por el nacimiento de la Liga Nacional, con Ban Johnson creando la Liga Americana, desde que el Magistrado Kennesaw "Mountain" Landis en 1922 decretó a favor en cuadros de monopolios. En otras eras recientes hubo el ingrediente del paro de labores, (algunos) jugadores se desbocaron por los anabólicos y la hormona de crecimiento en décadas recientes. En 1979 los árbitros ganaban debajo de $40-mil por ejecutar 170 juegos. Hoy en día, el salario mínimo de un árbitro es de $150,000 (más algunos beneficios), y los veteranos más experimentados pueden ganar $450,000 por temporada. El resto es historia.

LAS CUALIDADES DEL béisbol en un escenario se propagan en un juego de recursos en diversos campos de batalla. Simbólicamente y reservados, como los temas impulsan lo que quiere comunicar, lo más difícil es medir los recursos y que los clubes los compartan. Por supuesto, el compromiso emana del esfuerzo y la utilidad de los activos si se debe mantener y extender la fortuna.

Ya que adentro hay comprensión absoluta del juego del juego y sus recursos, la colaboración toma la estrategia de suerte y no se vuelve atrás. La calidad superior tiene que ver con mantener el liderazgo capaz de reunir la profundidad ganadora. En el soporte de ligas bajo expansión no hay de otra. Llegar a realidad de asegurar equilibrio, que sigan las rivalidades y seguir apoyando a crear mejores vidas, nunca desvincularse del juego beneficioso a la comunidad, y enfocar en los designios del capitalismo.

Tejeduría del Béisbol capitaliza del supuesto que la riqueza es revolucionaria. Suponiendo el nombre del juego siga siendo potencial para atraer interés, que el dinamismo sea rentable para los inclinados al porvenir deportivo, también discutamos la continuidad de jugar parejo, y encontrar mejores agendas y métodos para traer el juego a la sociedad, y sobresaliente sea que la comunidad acepte y lo respalde a pesar de sus debilidades y virtudes. Sin importar que un segmento del ciudadano piensa los deportistas insignes ganan a costillas de los fanáticos locos y sueltos adorando deidades. Quizás en la próxima reunión en la loma de intriga se alivie el peso de esa piedra.

5 |
QUE NO TIEMBLE LA MANO

"Cada jugada en el béisbol comienza en confrontación individual, mientras entre el lanzador y el bateador se enfrentan en una contienda de destreza, estrategia, y determinación".

~Krister Swanson
Baseball's Power Shift: How The Players Union, The Fans, And The Media Changed American Sports Culture.

Sería extremo establecer expansión con dos franquicias cada dos años subiendo a 36 equipos.

(2020) Montreal Expos & Las Vegas Stonehands
(2022) San Antonio Broncos & Utah Highlanders
(2024) Oklahoma Bisons & Portland Merchants

Curioso es el informe de Michael Shenker en la Gaceta de Montreal publicado en marzo 2018. Dice que es hora de jugar pelota centrados en un plan realista. Los viejos inversionistas de los Expos y el Estadio Olímpico pusieron mil millones y aún se fueron a pique. La idea es demoler el estadio antes de que el gobierno utilice $250 millones en fondos públicos para montar otro techo. Luego imaginar un acogedor estadio de 12,000 asientos en el borde de Peel Basin. Pero eso sería un estadio finca. Pensando en grande, un día de estos una franquicia mayor aterrizará en Peel Basin y construirá un estadio ideal por $500 millones. La realidad presenta el quinto año que se juegan exhibiciones de béisbol Mayor en el Estadio Olímpico. La audiencia, alrededor de 500,000 fanáticos aplaudiendo a equipos de otros lares.

Claro que es radical, tan complejo como los intereses en altas esferas. Hace más de 25 años—a principios de los 1990s la temática era sobre dinero y la unidad de los dueños. En 1993 el promedio de salario de los peloteros subió a $1millón, de $371,000 en 1985. Cronología de una victoria para los peloteros, y cambios necesarios de impacto para llevar la fiesta en paz mientras baja la lana por los canales incontables. De allí, el sistema de repartos, los acuerdos CBA para asegurar balance competitivo en el estadio y en el banco, son mundos distintos y en órbitas comunes uno al otro. El arte de la negociación y manejo de conflictos la virtud. Que te provean los recursos, y las reglas sean claras y honestas al realismo del producto deben resultar herramientas claves. CBA es el acuerdo de negociación colectiva, y no en balde de pronto pensamos en esfuerzo unificado.

En El Juego, Jon Pessah asegura que negociar en aguas no exploradas requiere resolver al ritmo de la marea. Bud Selig poseía los Milwaukee Brewers. Esperaba ser el "Baseball Commissioner". Cuando llegó había guerra entre flor y nata, mientras que los peloteros con la Asociación de Jugadores al mando no se dejaban. Dentro de las filas de los dueños se levantaron facciones, y la pelota enfrentaba retos multilaterales.

Para la época, George Steinbrenner, el jefe Yankee se opuso firme al reparto de ingresos. A Míster George no le caía bien las multas de lujo por abuso de las reglas establecidas. Según él, los Yankees eran los Yankees y firmarían los mejores agentes libres, pues dinero nunca ha sido problema en la Gran Manzana. El Señor Don Fehr, actuaba las de patrón en el gremio peloteril. La poderosa Asociación llevaba la batalla contra el tope de salario que los acomodados dueños pretendían imponer.

En asuntos de organización, MLB no tiene problemas, y creemos tampoco preocupaciones por complicaciones mundanas. No creemos carezca de recursos si agilizamos su poderío concentrado. Vivimos la era de los recursos. La velocidad y agilidad modifican el entorno físico y mental para reforzar el juego. No sería raro que la transformación positiva después de los 1990s enseñe la senda como hombre invisible. Desde entonces, la posición y disposición como líder en entretenimiento apunta al chance. Como de costumbre, en la tala del ñame de bola y bate, la especulación es la inclinación.

BAJANDO LA MISMA loma de hace un rato, lo que hace posible esa transformación es el desplace de herramientas obvias, desarrollables en algo más letal que posicionar un equipo capaz de remontar la cresta de la Serie Mundial. Se abre al salto desde lo amateur al de los millonarios. En el camino, sin aludir la realidad, jóvenes con gran talento para jugar y ganar se derraman fuera del cono de potencial, a pesar de los logros cazando, desarrollando talento y aplicando lo aprendido al bien social. ¿Cómo es un día típico de un scout? ¿Por qué el "MLB Scouting Bureau" puede transformar operaciones y moderar un segmento de la propuesta? Habría que ver la nueva dirección de la élite sobre el béisbol juvenil en las regiones de expansión. Creemos ese sería el eje de balance en contrapeso en un viaje con sacrificios, pero promisorio. Los cuestionamientos son para instigar un aire de pensamiento ancho como lo piden los escenarios con partes móviles y constante necesidad de lubricante.

Entrando al potencial de los elementos importantes, entonces, siguiendo la capacidad y consolidando el prestigio, las miras traseras se centran en las de la boca del cañón con resolución y organización a la punta del misil. Crear condiciones, con la maña por delante, penetrando los confines más allá de las gradas y las oficinas de cristal con olor a cervezas y perros calientes.

La tarea de preparación y ejecución a nivel de 162 juegos y el negocio que conlleva hoy es muy avanzado con analítica expedita de datos masivos y la capacidad humana se encarga del talento. Las bases de juego y manejo de Murphy y la teoría de dar lo mejor que puedas en el campo, con el carácter ajustado por un deporte con humanidad y sus méritos, por si las dudas. En conversaciones emprendiendo y guiando las actividades bajo principios, e ideas reguladoras seminales sobre la presea a la casta y nivel superior en competencia beisbolera. La esencia de la identidad, a pesar de que lo confuso es natural, todos los logros son a base de levantarse de crisis y pegando por delante.

Realineamiento de ligas

LIGA AMERICANA	LIGA NACIONAL
Toronto Blue Jays	Detroit Tigers
Montreal Expos *	Milwaukee Brewers
Boston Red Sox	Chicago Cubs
New York Yankees	Chicago White Sox
New York Mets	Minnesota Twins
Philadelphia Phillies	Houston Astros
Baltimore Orioles	Texas Rangers
Washington Nationals	Colorado Rockies
Pittsburgh Pirates	Utah Highlanders *
Cleveland Indians	Portland Merchants *
Miami Marlins	Arizona Diamondbacks
Tampa Bay Rays	Las Vegas Stonehands *
Atlanta Braves	Seattle Mariners
Cincinnati Reds	San Francisco Giants
St. Louis Cardinals	Oakland Athletics
Kansas City Royals	Los Angeles Angels
Oklahoma Bisons *	Los Angeles Dodgers
San Antonio Broncos *	San Diego Padres

*Equipos de expansión

ANTES DE ENTRAR en detalles y una explicación al monarca, sería convincente y lógico que el proyecto se base en el liderazgo global, en el crecimiento sostenible, y una perspectiva profunda unificando las propiedades de MLB. El diseño de seis franquicias hoy es más complicado, pues organizaciones cada vez más poderosas desempeñan papeles de liderazgo en el estatus global del béisbol. La toma de decisiones siempre dependió de la influencia e intereses y en la actualidad es más duro navegar el grueso de la corteza corporativa, especialmente cuando las ganancias en otras industrias dependen del éxito en la pelota. Por suerte, toda la estructura de MLB posee voz y voto, que a otro nivel todos pudiesen influir en cambios radicales impulsivos a mejorar interés por el deporte y aumentar el dinero en el Fondo Central. Así que suponemos otro objetivo mayor es distribuir ganancias de acuerdo al aporte de inversión, el cual debe ser equitativo para evitar girar la balanza hacia ciertos equipos con mejor o peor mercado.

En rendimiento, MLB ha trazado sus esquinas afiladas en el teatro táctico y estratégico, mientras que las taquillas dependen de que tan alto se suban las escaleras para distribuir los recursos, como nadie mejor lo hace. Ella que ha considerado su participación en el béisbol como una aventura no es un amante del trabajo hasta que la actitud muestra. Entre el glosario de autonomía—el compromiso y el aprendizaje—el fondo central de operaciones—la nueva identidad en la categoría de rivalidades busca el enfoque democrático en la cabeza de cualquier analista.

Definitivas rivalidades históricas y futuras siempre deben ser parte del juego; No hay mala sangre en el medio. Examinar viejas y nuevas rivalidades, técnicamente, te pone en la ranura del observador. Hemos comenzado a evaluar dólares desde la misión. Siempre lo hace, el béisbol hace más antes de la hora 0900, que la mayoría en tiempo extra.

IMAGINA UNA REUNIÓN en una mañana de primavera del 2026 a celebrar la dinámica hasta entonces. En el lugar, todos los propietarios flanqueados por los operadores en apariencia de trajes de gabardina agresiva elevando las apuestas (figurativo) a otro nivel. Mucha discusión sobre lo que los escuchas tienen que decir y hasta dónde permite la disponibilidad de talento. Lo más probable es que alguien le recuerde a la multitud que el béisbol está listo para distribuir la mente, el cuerpo y el alma para que esto suceda. Los supuestos se mezclan en los debates cuestionando la naturaleza de la estrategia, sistemáticamente enfrentando lo común de los riesgos, común, pues ese gato salvaje ya está domesticado. El asunto entonces debe informar que se puede avanzar con estas ideas, con las ideas de la gente de los medios, y las expresiones del Comisionado Manfred Jr.

No es difícil averiguar porqué durante las expansiones los propietarios actuaron individualmente estableciendo sus propias franquicias y lidiando con los fracasos en sus propios linderos. Tortuosa la carretera de las reuniones ejecutivas. En la misma línea, ¿no sería creativo otorgar el banderín de la liga al equipo que termine con más victorias en la serie regular?

Echando hacia atrás la cosa de la geografía, arraigada a competencia feroz, la estructura de 30 clubes, basada en el suelo parece diseño al azar en selección de logotipos y sentimientos. Sin embargo, el sentimiento creciente sobre mantención de rivalidades gobierna el camino en cualquier intento de modificar la estructura. Eso es bueno. Las rivalidades son beneficiosas, nuevas rivalidades benefician. El cambio es inevitable, y los cuestionamientos generales son otro orden para comprender y asignar números y figuras. Luego las soluciones serán lecciones aprendidas como en todo contexto histórico y lo permeado por éxito en el negocio.

Todos sabemos que el béisbol es un asunto competitivo-cooperativo sostenido en ganar como su filosofía de la base. Usted gana en casa, en el camino, en los corazones de los aficionados, en las entradas extra, en el banco, en conseguir que los contribuyentes financien el estadio, en conseguir que el arbitrio y la agencia libre nos consigan más dinero en contratos. Los propietarios quieren la victoria en el campo y en la frescura de un formato corporativo motivado por el dinero. Ganar es incluso la esencia cada vez que la charla habla de medios, comunicaciones, entretenimiento, lealtad y "branding" o desarrollar la franquicia adorada por la fanaticada.

Más allá de la imaginación, no toma conciencia adicional ver que expansión es la manera segura para el béisbol ser más prolífico. Y no existe forma exacta para la narrativa. Sino con la perspectiva fresca, aunque parezca extraordinaria. En búsqueda de contestas profundas a preguntas profundas sin que tiemble la mano.

Andemos por la senda de ideas sobre reforma y cómo se puede utilizar tan vasta descriptiva. Ojalá el futuro nos dibuje el mapa de ruta y el viaje se vista de realidad, y ser testigos de una oportunidad multilateral, e investigar, incluso si cada concepto no concilia las disputas que surjan y hasta que la gorda no cante no apagues ni dobles la página. Queda fibra para opiniones libres.

POR RADICAL UNA propuesta, no resta por adelantar es cosa de machacar la ofensiva con todos los estamentos en alta y poner las cuentas claras. ¿Se abrirían algunos libros de consumo en las franquicias? No sabemos. Pero al otro espectro, nos tiraban otra tabla y ya la vimos. De inmediato causa mucho revuelo. De antemano, el escrito por Internet de Andrew Mearns da qué pensar, pues hace una crítica constructiva a otro experimento de intriga. En 2015, Jesse Spector en la revista Sporting News escribió impulsado por la rivalidad fresca en Texas y los Astros jugando en la Liga Americana. Se podría sugerir realineamiento dónde los Yankees y los Mets, y los Cardinals y los Royals jugasen en la misma división. En Baseball America, más reciente, en octubre de 2017, Tracy Ringolsby plasmó que expansión pudiese desencadenar realineamiento. "Rob Manfred, el Comisionado, hablando en Seattle le trajo esperanzas a la gente de Portland, Oregon—que Portland es un lugar con potencial para una franquicia mayor". De hecho, desde el 2003, el estado de Oregón aprobó una suma parcial de $150 millones para financiar un estadio en caso que los Expos se movieran al oeste. La concesión sigue abierta. Según Ringolsby y la declaración de Manfred, "parece haber consenso que la pelota se encamina hacia la configuración de 32 equipos. Tal configuración provocaría realineamiento y ajuste del calendario de juego, lo que ofrecería a MLB atender las inquietudes de la Asociación en cuanto a las demandas de jugar fuera de casa y los días libres".

PONIENDO SENTIDO HASTA aquí, así se inició lo extraño para otro ciclo a la talla de foro protegido, haciendo ver la jugada fácil. Pudo haber sido al entrar desde el brutal tranque vehicular afuera de la garita en la avenida principal. De todos modos, había que apelar a ingenio con destrezas similar y la imaginación por el cielo. Llegué guiado por Escarlata, la troca Ford de 1940. La estacioné, leí las siete páginas de sinopsis, pero necesitaba estar seguro la vaina no era sobre "soccer".

Iba sobre la balanza entre el gran enriquecimiento, en terreno ganado entre gigantes—con la aplicación de la fórmula prudente de tomar el reto por expansión y cambios a las normas y a la estructura para mejor balance de los objetivos de MLB tratando de incitar una determinación sobre lo que permea aquí. Entre lo dicho, tal estructura competitiva causa grandes revuelos en los asuntos de los mercados de todas las franquicias. ¿Tienes otra opinión?

Ya que hemos estado construyendo una caja para pensar dentro de ella, el orden complejo de cualquier expansión futura debe surgir con simplicidad en realineación oportuna de las ligas. Habría que ver desde la mira de los oponentes al tirar por la borda la ilusión de jugar parejo a través de las divisiones East, Central y West. Eso se nota a leguas. Ese concepto no satisface el gran esquema de competir sin trampas ni en arenas movedizas. En la tabla de realineamiento de ligas se nota de primera impresión que se necesita un balance en los itinerarios. Que la serie regular permanezca en 162 juegos. Si 16 clubs entran a postemporada no impide que en el béisbol reine una calma indecisa. Es el poder de la riqueza ejerciendo presión a permanecer estático. Preservar el "estatus quo". Sin aventuras ni malos amores que trunquen la prosperidad. En absoluta postura negativa, para intervenir como si viviendo en la democracia perfecta. Dándole chance el negativismo a formular la antagónica para saber cuál es y la estrategia arremetedora.

Por lo de ahorita, ninguna otra entidad deportiva sigue volando tan alto, sosteniendo fuerte a través de los tiempos más difíciles y rebotando atrás mejor que nunca. Sin embargo, ¿cómo podríamos evitar el pensamiento cuidadoso de hacer girar ideas que podrían desencadenar dilemas reflexivos? Antagónica.

Ponderando a entender lo no defendible no nos impide chequeo de la suspicacia de realizar todo es un mapa de ruta. Poniendo nuestros garabatos en los pizarrones en la arena de la paradoja. Acá anotando, en opinión, a ningún líder de campañas proponiendo mover la maquinaria unas cuantos llanos y lomas aceptaría no contar con el máximo de los recursos. Aún con buena asesoría, dónde las operaciones tampoco son cáscara de coco. Esto a manera de pensar duro para no trabajar como mula.

Medio muerto de risa, de inmediato nos enteramos de lo genial de la sugerencia—aunque fuesen cuatro rayas ponderando por dónde se esconde el sol. Quizás una simple alusión el billete rige las avenencias deportivas y nunca descartaríamos de su influencia y facilidad de aplicación. El poder y la autoridad no andan a la deriva, y sería interesante engrosar la razón. En alguna idea futura, el mapa de ruta no vendría mejor que sacudir el creciente magneto de la postemporada, en interés por el juego, balance competitivo y beneficios al colectivo. Si expansión cayera como caramelo, los cambios a la temporada, a la estructura de competencia y poseer un segmento de equipos (propiedad de todos) no debe desajustar la competitividad actual.

Establecer opresiones a un sistema nítidamente funcional que pueda desbalancear el flujo de caja no es la intención. Cosa que los allí compenetrados en el camerino verificando los numeritos no negociables necesitan se tome la propuesta en serio, y lo que de allí surja, allí se debe solucionar. En el realismo que escogimos–precisamente el objetivo de aprovechar taller para rato con chance para aprender algo nuevo, no nos impide exclamar si vas a mejorar avanza con las condiciones favorables.

Sería a través de la síntesis de los cambios que nos vimos prontos a expansión pensando que tanto la temporada, desde el itinerario de juego, el bateador designado, la postemporada y la opción de implementar el amplio papel de la academia HomeGrown bajo la tutela de la franquicia de expansión como opción completa. Opciones van y vienen, y son partes del proceso de decisión. El poder lleva razón para una reunión.

Entonces, la cacería de imponerse poe influencia resuena a proceso político y estado social. Percibe los pilares del béisbol pueden, en modo curioso, explotar una estrategia unificada para poner el producto a otro nivel.

NO ES UN TUMBE. "Las ligas organizadas son emprendimientos cooperativos fuera del terreno de juego, con equipos comprometidos en un numero de prácticas recogedoras de lana para el colectivo de la identidad". Palabras con virtud de Scott Rosner y Kenn Shropshire. Del libro The Business of Sports. Estos señores comprueban que en aventuras deportivas los contendientes no tienen salida, sino cooperar para ver florecer el billete. Los actores de Liga Mayor siguen definiendo el éxito por la pura existencia de las reglas, y la doctrina de los principios en todas las disciplinas relevantes. Ahora las fichas sobre la mesa son la televisión, radio, endosantes comerciales (tennis-shoe guy), aquellos con licencias y patrocinadores, los recientes con trabajo de maña y comprendedor de la cooperación en la narrativa única por la esencia de que en béisbol hay balance en otras rayas de cal.

Hagamos esto como si fuera la madre de las reingenierías deportivas. Un escenario sensacional. Sin que nos importe el nivel de riqueza, su distribución, la distribución de los peloteros, las obras del personal de apoyo a las franquicias. Que perico no se meta en el medio de la vía. O sea, poniendo el valor a un lado busquemos placer desarrollando acción que socave los procedimientos elementales desarmando el momento presente, separando lo conocido aparte de lo claro como el agua, y lo que podemos presumir para que los interlocutores decidan en un futuro cercano.

Así asumimos si avanzar el producto debe ser a través de expansión, necesitaríamos saltar la tradición de expandir solo dos clubes y esperar décadas antes de mirar al horizonte con otro plan y usualmente para entonces, el estadio y la planilla resultan exponencialmente caros. Los equipos valoran todo su talento como naipes de canjes y consecuencias al entregar los turnos durante cada draft, pero esto ya es parte del negocio. La pelota parece redundante como para expansión de dos franquicias cada dos o tres años, siendo agresivo ahora para cosechar mucho antes del 2030. Lo redundante sigue a menos no comencemos a verlo en el potencial de la estructura. La trayectoria ha sido rocosa pero lo importante de lidiar en lo complejo de competir llegó a ser la diversificación de negocios y la diversidad en el campo. Ahora el juego gira multilateral. Por eso la fineza de caer en un diamante conociendo al oponente no deja de ser prioridad. Detrás del telón los de adentro han visto el entorno local para saber dónde el béisbol es un show y dónde se proyecta para llevarlo a otro nivel. Viendo desde la poltrona de las disciplinas, ninguna es mala a menos que no se apliquen con el mismo don de éxito actual. El engranaje requiere seas un duro en finanzas y en otras destrezas para reforzar la importancia, antes del reto. El ejemplo del pensamiento emulador del General Manager no es sino una invitación a la próxima vuelta.

En gestos de curiosidad los impulsadores del dictamen pudiesen ir acepillando el Panel de Estudio pensando en costos. En el pasado el Panel con Cinta Azul hizo su mérito. Un informe de 187 páginas, la génesis, en el año 2000, concentrado en un nuevo sistema de repartos de ingresos mejorando el balance. Según E. Woodrow Eckard, en Journal of Sports Economics, "se afirmaba una disminución marcada reciente en el equilibrio de la competencia. La causa alegada son las crecientes disparidades en los ingresos del equipo y las nóminas impulsadas en última instancia por el tamaño del mercado. En consecuencia, son necesarios los cambios radicales en la estructura económica del juego, compuestos principalmente por nuevas restricciones del mercado laboral. El informe, sin embargo, no presenta evidencia de una disminución en el equilibrio de la competencia o de un vínculo significativo entre el tamaño del mercado y la ganancia. El presente estudio buscaba proporcionar el análisis faltante. Aunque el equilibrio competitivo podría haber disminuido en la Liga Americana, mejoró en la Liga Nacional. La diferencia es importante, ya que ambas ligas están sujetas a la misma estructura de gobierno, es decir, la disminución en la Liga Americana probablemente se debió a causas idiosincrásicas. Además, existe (a lo sumo) una relación débil entre ganar y tamaño de mercado que no ha empeorado en los últimos años".

EL DISEÑO DEL esquema de orden superior no tiene que perder continuidad de la contienda actual, y los ingredientes de logro permean la entidad. Durante la postemporada se nota la intensidad. Detrás de esta intensidad los maquiavélicos expertos aplicando el poderío a la situación como si fuese el séptimo juego de la Serie Mundial. Para colmar la gran temporada de los Houston Astros en el 2017, Lance McCullers Jr., el más alto y "cortaíto" en masa muscular desde la lomita mirando la poderosa alineación Dodger. Nada menos que en la Viña de Chávez de los Dodgers. Nunca supimos si por descontrol, por el ímpetu de dominar con picheo adentro, Lance Junior le metió dos bolazos a Yasiel Puig y dos a Justin Turner. Al peligroso Novato del Año, Cody Bellinger, McCullers le propinó tres ponches. Claro. Es saludable añadir que Puig y Turner venían con gran disgusto de poseer herramientas de poder al madero, pero la producción en mala racha y parte del juego. Sacas los tres grandes de la alineación y el resto sería poner la bola de tornillos a girar. Al frente del bate y baja como para roletear muerto en el cuadro. Y como Houston trajo fildeo respetable, todo se centra en esfuerzo unificado, tan extremo como luzca.

Intensidad o táctica maquiavélica en la dirección desde la cueva del honor. De hecho, desde comienzo hasta fin nos sugirieron conocer la labor interminable de los expertos adentro. Desde el origen del juego hubo gente con habilidades de juego, económicas y operativas para maniobras fuera de liga. Hoy la influencia flota en todos los planos y pisos con crisis y soluciones. El béisbol explota su grandeza a través de preparación y ejecución para un juego, para series cortas, para la molienda de la temporada y lo no tan fácil de visitar la postemporada requiere poner la fe y la esperanza en el atributo obvio. Delegando a la capacidad y en su máxima extensión es la norma. El liderazgo, la caballería en reserva, ahora recibe más crédito. Los líderes trabajan duro preparando las nuevas generaciones a mantener su casa de recreo competitiva. Los equipos son compactos en carácter.

6 |
CON PICOS Y ESPUELAS

"Adoro el béisbol con pasión. Los chicos y el juego, y me entretiene el reto de describir cosas. La única cosa que odio—y sé que tienes que ser realista y pagar las cuentas— es la soledad en la carretera".

~Vin Scully
Comentarista de los Dodgers y cronista del béisbol

Implacable no haber tomado la senda antes. Era mañana de primavera en El Refugio, la mansioncita en el Copecito de San Carlos. La carretera hacia el valle es dificultosa. Los "rabiblancos" vienen de frente en zigzag apretando asfalto, y si llueve peor.

Por no penetrar poseer un pedazo de terreno, adentro hacia el espectáculo del Valle de San Antón, se rumoraba que la embajada detrás de Las Esclavas edificó El Refugio para el análisis geopolítico. Una casa sencilla y alejada del bullicio como para pasar el fin de semana, pero cuna de espías de tierra, playa, y ahora con controles de drones en el sótano. En la subida, la casa de los colombianos. Rumba desde anochecer, y hasta los sonidos traían el vaivén alegórico inclusivo con chicas gritonas y arte en el baile del tubo. Por cierto, en el Distrito destruyeron una casa con municiones aerotransportadas. Eso nos contó Carlos, el Albañil de la edificación en tres toques de melocotón. El bombardeo tuvo que ver con el narco brasileño apodado Montaño, ahora en la chirola en su país. Antes de "loquearlo" para emoción, se hartó en Panamá. En grande, tenía empresas bajo sociedades anónimas de fachada, y los poderosos en esa rama bien metidos en el gobierno. Nadie podía negar las situaciones nebulosas. Por esto se debe decir la verdad. En la misma evolución y cosas a tu alrededor para fregarte la vaina, con sacrificio invertimos por el terreno. No fue hasta cinco años después que el plan arquitectónico se mandó a dibujar. No nosotros, sino alguien con interés superior a lo que nos incumbía. Ellos en su misión nebulosa, nosotros en la de la curiosidad, pues en El Copecito estuvimos entre hamaca e intriga pensando ancho.

En utilización de drones simplificando un aliado nos sugería encontrar resultado entre la comparativa. La mansión con veraneras abrazando las ventanas, en otra historia, pudiese ser escuela para irregulares. Cosas del puente del mundo y corazón del universo. Don Ruperto, otra idea suspicaz sobre el personaje con tremendo arraigo de gallero, conocía Coclé, Herrera, y el que conociera su pericia en crónica de béisbol creería Ruperto cargaba cédula 7 de la Provincia de Los Santos. Conocía mucha crónica y resultó ser el "man of the hour" en experiencia ortodoxa. Recibí un timbrazo y no era Don Rafael Ithier. Tampoco Rubén.

Era Marín, el último Magnífico que conocí en Saigón Chiquita, no el toletero zurdo, sino que me había dibujado un esquema, no el tradicional, sino algo arqueado. Al acostarme tratando de retar a los dueños de estadios finca en costear las Casas de pelota finca, percibí un chance de tornar esta Utopía a posibilidad y no me quedaba por investigar los compuestos de la autoridad en aquello de reaccionar a retos utópicos. Aquello no certificaba lo seguro de "ahí tienes taller para rato" pero insinuaba que el cuerpo de seguridad de la embajada se había mudado de Punta Mala.

Desde aquel día añoro con retornar a la casa de los espías. La parte interesante de ellos fue el arrope de las ondas digitales y satelitales mientras el gobierno por otro lado sabía pinchar lo que hablas y hasta lo que piensas. Sistemática y audazmente no titubeamos énfasis en lo autocrítico. El lado humano de los ejecutivos, operadores, los atletas y sus entrenadores, y la psicología al fondo del juego—el viejo estratega que marca las líneas de cal. Ahora iba en máquina de Asimov tratando de ver las ideas del cuidador del diamante. Si no avanzamos, a las 1600 poncharíamos los 25 dígitos a lo extremo.

Me veía en control viajando al año 2026, en la cola de la flecha, el aleteo de las plumas el mismísimo efecto de la fuerza kinésica. Lo raro es que íbamos detrás de una pista. A causa de avanzar el producto parecía el Sistema había encontrado una solución segura al ascenso de salarios, por ende, grandes multas de lujo habían terminado en los bolsillos de equipos en el extremo de mercados bajos. No obstante, una luz al fondo del túnel como las antorchas nocturnas sobre el charco azul de mi barrio. A ritmo de seis franquicias talladas en curiosidad, en efecto, contar las oportunidades derivadas, no tenía precedente para descubrir lo persuasivo.

Precisamente mirando hacia el pasado, el túnel de lo logrado y lo necesario, y las levantadas después de caídas, y el beneficio y remuneración por actuar en perfeccionamiento de los quehaceres, quizás otra prenda escondida. Utopía seguirá siendo una ridiculez formidable hasta la conversión del gran conocimiento humano y bajar a flote. Preciso, el poder humano de cargar con la autoridad comprobada en los niveles de trabajo, ya sea ejecutivo, en la cámara de operaciones, o abusando con las herramientas de juego, o al razonar estrategia con el manager y la manquera de agua.

Entre reducir la velocidad de la oposición sobre las líneas de cal y la muchedumbre siempre hubo espacio para la imaginación. De hecho y no para desviar la senda, hace más de una década, el nuevo revisado por video de las llamadas de los árbitros son solución a las pasadas "cuchillas" o simplemente, arena en los ojos, o por no tener el gancho, la bola y el plato frente a los ojos. Después de la verificación si la llamada fue buena, o si la fregaste, hemos notado ahora a los dirigentes no se le sube el temple cuando los oficiales erran a favor del contrario. Antes veíamos mucho polvo sobre el charol del cuero. En el futuro la fuerza wifi, o algo superior en lo digital pudiese devolver a los árbitros la llamada ajustando algo de tecnología a la condición humana. Fue una idea sobre la confianza, y luego paulatinamente crearíamos dinámica en todo el contexto, así como se desarrolla el juego.

HEMOS ARRIBADO A la encrucijada de peregrinación, exclamó Residente detrás de su café liderando la reunión. Dijo que un arranque intenso sólo requiere poner la maquinaria en primer cambio. Por años viramos y volteamos los acontecimientos influyentes en el sartén de la MLB. Ahora tenía a todas las competidoras bajo aceite—no exactamente bajando la loma hacia Santa Rita de Capira para otro torneo de gallos—sino que las figuras económicas astronómicas apuntaban al sentido común con una visión y misión que dejara un legado para uso adelante.

Como si Ron Luciano no hubiese sido una jodienda, como le dijo un fanático blandiendo una caneca de Palo Viejo a Roberto Clemente. "Momen, déjame decirte, juegas formidable pero Pancho Coímbre era una jodienda." Roberto se regresó a dónde Don Luis Rodríguez Mayoral, el cronista del momento. Amigos, imagínense aquel día sobre las gradas de un estadio vacío, Clemente no pudo continuar hablando sobre habilidades increíbles. Por la risa, el Viejo del Vidrio había sido testigo que Pancho era elegante, acentuando el porvenir de contar la historieta, con reflejos en sus poderosas muñecas. Era imposible ponchar a Coímbre. En la pelota de invierno puertorriqueña, en 1915 turnos se ponchó 29 veces. En cuatro de sus cinco temporadas en las Ligas Negras alcanzó promedios de bateo dignos del Salón de la Fama: .330, .353, .436 y .351. Verraco Don Pancho, como pionero a las ansias de un chico con herramientas al compás de las del Gran Clemente.

Pero en aquellas épocas ser de raza negra, por ejemplo, como otros señores a la talla de José Méndez requería ser multifacético. José de la Caridad Méndez, de Cárdenas, Matanzas, Cuba. El Diamante Negro lanzó y jugó campo corto, segunda base, tercera base, jardinero, y manager. Aunque la barrera de racismo mantenía estos caballos—entre Coímbre y nombres de proezas extraordinarias en Dolf Luque y Martín Dihigo—el famoso manager John McGraw contrató en secreto al Diamante Negro como para entrenar lanzadores. Además de experiencia intacta con los Cuban Stars y los Kansas City Monarchs en la liga de color, en Cuba, Don José edificó promedio en juegos ganados con cifra astronómica de .747.

EL JUEGO DE verano es la arena para un "show off" de lo que significa ante toda la fanaticada. Nos queda por especular las notas plasmadas en la libreta de mano deben informar la reciprocidad de gente de frente a lo que disfrutan. Quiere decir el futuro no es lo que parece, a menos que la agenda no se decida. Y nadie podría divergir, tomando la horquilla en el camino, en reunión plausible aún nos queda por sentir el impacto en las paredes estructurales. Allá afuera los pilares bien puestos, los muchachos del barrio siguen adaptadores al estilo del juego generacional. Igual los del "front office", y a los agentes de peloteros nadie les gana en cálculos sobre rendimiento para ser puesto a otro nivel en asuntos laborales.

Si te parece fábula, lo es por el nivel utópico. Por el cielo, quizás nunca alcanzable. La importancia decisional descansa en pocas palabras: ponle nombre a tus creencias, tan positivo y con la honestidad de poner tus destrezas y proezas como motor de arranque. La punta de la flecha se guía por tu estilo de juego exigiendo dar lo mejor, poner en acción la memoria de la práctica y porqué los "coaches" corrigen anclados en puntales y la experiencia.

Más allá de la travesía y la inspiración y el séptimo instinto, el juego es un esfuerzo concertado conociendo cuánto hay que estrechar el producto y la oportunidad de invertir. ¿Quieres algo útil? Hay interés por palpar la ruta, los premios en la senda, hay trofeos y pérdida es lección para mañana.

TODO EL MUNDO busca la herramienta de la evidencia en letras negritas. Entonces las estadísticas no mienten o te arriesgas a tener problemas ante la curva. Los numeritos procesan potencial sujetos a las herramientas de juego en dos caras. La proyección al desarrollo de las habilidades y si el prospecto enseña semblante humilde. A lo ilustre en la incesante búsqueda del próximo Willie Mays. Tan elegante la jornada para captar el atleta ideal en Carlitos Correa, o a la efigie de José "Gigante" Altuve. En todos lados hay retos, un propósito y el descubrimiento de una maravilla.

Gritando desde el noveno episodio las cualidades de la entidad son lo suficientemente extensas y profundas como para enumerarlas. Más que contar con teclear con el índice de la mano derecha, con un solo dedo. El desafío es colocar estratégicamente contenidos tan vivos como la idea de salir de lo tradicional y conquistar la pradera. Mi percepción de las cualidades del béisbol en un escenario se propaga en un juego de recursos en campos de batalla variados. Simbólicamente y reservados, como los temas impulsan lo que se quiere comunicar, lo más difícil es medir los recursos. Tal vez, la unidad en las extremidades históricas, sin embargo, el éxito futuro depende de las acciones de liderazgo con activos para traer el anillo a casa. Una y dos prioridades son la utilidad de la competencia y el espíritu de victoria. Los equipos con récords ganadores son buenos evaluando los partidos cruciales. Por supuesto, los resultados emanan del esfuerzo y la utilidad de los activos si se debe mantener la prosperidad. Aplicando las herramientas a disposición.

UNA VEZ DE vuelta a la Residencia 77 del ayer, penetré la puertita del cuarto lleno de libros y cucarachas. El esquema bajo el brazo era un teatro de maniobras militares. Plástico transparente y "magic markers" en azul oscuro. Bajo los chillidos de la punta del marcador con el plástico, los puntos de coordinación, las líneas de responsabilidades y lo peculiar; en las zonas arqueadas del "Blueprint", Marín me instaba a que hiciera mi propia tarea. El de ojear la propuesta bajo concepto rígido, a veces, las cosas de las que no quieres hablar. Por si existiese un segundo plano al fondo del vocabulario elegido.

Abraham el enterrador de Las Tablas no se quedaba atrás. Mi estimado, qué dicen los clientes. En las vacaciones de Abraham durante el primer World Baseball Classic en 2006 nos conocimos y en un flash decidimos el proyecto llevaba un segundo plano. Dos peculiaridades; establecer equipos "farm" en el Caribe, y expandir las ligas Grandes a cuarenta se relegaría al periodo 2027-2030.

El esfuerzo unificado cura el miedo a la reingeniería profunda, me dijo Ruperto complementando con la pregunta del momento. ¿Llegará el bateador designado a la Liga Nacional?

7|
GENTE DE PELOTA

"No admito eso que se dice de mí. La bola buena es la que uno batea, y la mala es a la que no le pegas. Los strikes que uno no batea son pelotas malas igual que las bolas fuera de la zona de strike, pero que se les pega bien. Esas son bolas buenas para batear".

~Roberto Clemente Walker
En Nicaragua, ante el periodista Edgar Tijerino Mantilla

Lo demás es historia y el deseo central es jugar pelota a otro nivel. La referencia de voz apunta a lo real. En enero de 2016, el comisionado de MLB, Robert Manfred indicó que la Liga Nacional podría adoptar el Bateador Designado para la temporada 2017 a través del último convenio colectivo. Sin embargo, más adelante reculó en su declaración para no ver el DH en la Liga Nacional por el momento. ¿Tan trivial es el bateador designado?

La mañana al comienzo de los Winter Meetings en Buena Vista tuve un sueño sobre lo seguro a ocurrir en algunos años. El primer agente libre con salario de $567 millones. Nuestro lado de fantasía giró la máquina del tiempo a la época 1973. Como en las tardes de "stickball" urbano. El bate, palo de escoba, en contextura gruesa, alongado a cubrir la zona de swing, a veces demasiado salvaje. Y no es con bola de cancha de raqueta si te digo es falacia la necesidad de pagar más firmando un agente libre de calibre para hacer abuso con el DH en la lista de bateo. Es otra ilusión. En el béisbol de hoy es más provechoso tener bateadores en la alineación con alto promedio en bases. El Designado no proporciona poder de largo metraje al manager. La confección de la alineación cae en el dominio de cómo el Director dispone de lo profundo, lo no fácil en las metas del equipo. Asimilando que cualquiera que el momento esté echando chispas con el bate puede asumir el rol en cualquier parte de la ristra, pero bajo la conciencia de dicha autoridad como director. Imaginando el DH parejo en ambas ligas es una vuelta de impacto. No hay necesidad de expandir sobre lo segurísimo de girar la balanza a favor de bateo, siendo el picheo alrededor de 60 por ciento del juego y a veces anotar una carrera es imposible. Los fanáticos desean ver líneas entre bosques. A huir volando las bases, añorando el deslice de gancho, el de Roberto Clemente, piernas abiertas, cuerpo eludiendo toque del guante. Dando 130 por ciento por el equipo.

Muy difícil dejar el DH por fuera. Big Papi es dueño de mucha leña como designado. Por igual, nunca descartes uso del séptimo sentido en la razón el ejecutivo debe delegar el asunto a los responsables en el lado del juego. Que tal un electorado, a una mayoría entre todos los peloteros, directores, entrenadores y hasta el gato de la casa club. Un voto a ver si la Liga Nacional adopta el Bateador Designado, y chance adicional a dar más crédito a Edgar Martínez como bateador mortífero, sólo visualiza Edgar cubrió la zona de cantazos con su bate Rawlings Pro Blonde bastante frecuente para extra bases.

Los agentes libres del futuro pueden tener un trabajo a medio tiempo, pero no es digno descartar la realidad. En la cueva de las Mayores, es verdad, jugar en el cuadro y poseer bate a estampa de Manny Ramírez indica ponderar el libre albedrío para escuchar la voz de los reputados y sus anécdotas. Buscamos que desde adentro salga algo aprovechando el retorno al origen.

El 11 de enero de 1973, Charley Finley y otros propietarios de la Liga Americana habían escogido a mayoría por voto de 8-4 para introducir el bateador designado. Plan piloto de tres años, y se quedó.

El 6 de abril de 1973 fue soleado pero un poco frío a 55 grados Fahrenheit en Fenway Park. Los anales de la historia marcan aquella tarde como el día que Eddie Kasko era dirigente de Boston. Los Red Sox con ventaja local, no obstante—Manager Kasko entregó su alineación a Frank Umont, árbitro asignado detrás del plato.

BOSTON RED SOX
1 Tommy Harper LF
2 Luis Aparicio SS
3 Carl Yastrzemski IB
4 Reggie Smith CF
5 Orlando Cepeda DH
6 Rico Petrocelli 3B
7 Carlton Fisk C
8 Doug Griffin 2B
9 Dwight Evans RF

Luis Tiant P

Los Yankees visitaban a los de extra rivalidad en la Liga Americana.

Con cuidado que no se volara, pues los vientos soplaban a 20 millas por hora, Umont circuló la lista para su verificación—primero Ralph Houk, dirigente de los Yankees—y luego a los árbitros de las bases, Don Denkinger, Merle Anthony y Bill Deegan. Todos asintieron con la cabeza, y Houk entregó la alineación Yankee, previamente haber anotado a Ron Blomberg bateando sexto como DH.

NEW YORK YANKEES
1 Horace Clarke 2B
2 Roy White LF
3 Matty Alou RF
4 Bobby Murcer CF
5 Graig Nettles 3B
6 Ron Blomberg DH
7 Felipe Alou 1B
8 Thurman Munson C
9 Gene Michael SS
Mel Stottlemyre P

El grupo repitió el rito y Peruchín Cepeda quedó oficialmente el primer DH en la Liga Americana. Ron Blomberg fue el primero en consumar un turno al bate como DH, y ante 32,882 fanáticos, Blomberg en cuatro turnos conectó un sencillo y recibió un boleto gratis. Cepeda se fue en claro en seis turnos. No así sus méritos de "slugger", poner un toletero como DH ofrece a la alineación el toque de cuadrangular y con dos o tres a bordo, mucho mejor.

Desde entonces hay una venerable tradición dividida entre ligas. Se han hecho varios estudios para ver si el bateador designado causa mejor producción en la Liga Americana. La organización "Fangraphs" encontró que midiendo Potencia Aislada (ISO) (bateo para extra bases) la Liga Americana tuvo más producción de carreras desde 1973 hasta 2000. La Liga Nacional, aun sin el uso del DH, ha estado ganando terreno en bateo fuera del parque a distancia y frecuente. Asumimos es la categoría de más peso siendo carreras anotadas lo más importante para ganar en el lado ofensivo.

A medida que pasaba el tiempo, la regla de bateador designado ha terminado ofreciendo a los gerentes de la Liga Americana múltiples opciones estratégicas para establecer las alineaciones de sus equipos: pueden rotar el papel de DH entre los jugadores a tiempo parcial o pueden utilizar un bateador designado a tiempo completo contra todos los lanzadores. También les permite dar días de descanso a jugadores de ofensiva o a lesionados la oportunidad de batear sin exponerlo al agrave de lesiones mientras se juega defensa

"Una regla híbrida en la que pudieras batear al lanzador, pero este tuvo que salir del juego y no pudo volver a entrar, crearía nueve entradas como lo que la Liga Nacional es desde la sexta entrada", explicó el legendario lanzador de los Astros, Larry Dierker. "En el primer turno al bate del lanzador, podríamos tener las bases llenas sin outs, y pudiese ser tu cuarto abridor o algo parecido. ¿Sabes que tendrías que cubrir el montículo el resto del juego con los relevistas si traes un bateador emergente?"

El DH ofrece a ambos managers entrar al dominio del cuestionamiento. ¿Necesitas producir carreras? ¿Y qué de las permitidas? Por eso ha permanecido en eterna balanza con lo intricado. Ya los estudios se han hecho, internos y comerciales. Toneladas de data, mientras lo contundente sale a relucir. El DH es popular en muchas ligas.

Un buen dirigente visualiza su alineación de bateo acorde con su estrategia ante el picheo opuesto. En ese breve lapso el poder de batear para fuera puede descansar en el medio, la bola chica puede estar en juego, o simplemente, la asunción que un tercer bate va a impulsar más carreras por batear tercero detrás de dos con alto promedio en base. Últimamente vemos bateadores de poder en los renglones uno y dos. Eso nos lleva a pensar que mientras más alto en la alineación, más turnos al cajón de bateo para garantizar más carreras anotadas.

El Bateador Designado es otra oportunidad oculta a la vista. Aun sin el uso del DH, ha estado ganando terreno en bateo de potencia, distancia y frecuencia.

Mantener el DH uniformemente trae beneficios. Los jugadores más viejos con habilidades de bateo intactas, ya sea poder o entrando en base causan mayores retos a los soportes de la defensa. Hoy la ciencia de traer carreras a la casa es importante. A la gente le gusta el sonido del bate. Un beneficio superior sería mantener los lanzadores concentrados en su área de picheo tan importante del juego, menos chance de lesiones, y los managers pueden utilizar la profundidad del banco en otras instancias como en entradas extra.

Steve Wulf escribió en la edición de Sporting Life del 3 de febrero de 1906 que Connie Mack sugirió las Mayores deberían considerar enviar al bate a un sustituto. "La racionalidad para la regla de bateador designado surgió temprano en la historia del béisbol profesional". Hubo excepciones. El Bambino Ruth comenzó su carrera como lanzador con los Medias Rojas de Boston. Tiraba su repertorio de calidad. Ya que la mayoría de los lanzadores eran los bateadores débiles, Ruth tuvo que ser puesto noveno y de emergente cuando los Red Sox estaban abajo en las anotaciones.

Los rumores fueron que Connie Mack, como gerente de los Athletics de Filadelfia y maña como dirigente en 53 años propuso remplazar los lanzadores en su turno al bate con un bateador que se fuera para la calle frecuente. La propuesta recibió poco apoyo e incluso fue criticada por la prensa como "teóricamente equivocada". La noción de acuñar poder en la parte ofensiva no murió. En 1929, John Heydler, Presidente de la Liga Nacional intenta en serie introducir a un bateador designado, décimo en el orden al bate. Casi convenció a los clubes de la Liga Nacional, la razón para acelerar el juego, y que aceptaran probarlo durante el entrenamiento de primavera. Al punto ambas ligas acordaron establecer la Regla DPH como plan piloto, experimental, si el manager estaba de acuerdo.

El 6 de marzo de 1969, Ty Cline (Expos) y George Spriggs fueron escritos en la alineación en la posición nueve, en Fort Myers de la Liga de las Toronjas, Florida. Ambos se fueron en blanco en cuatro viajes al plato. Mientras, John Orsino (Yankees) y Jim French

(Senators) lograron un imparable (Orsino, sexto en la tabla Yankee) en cinco turnos.

También se permitía un corredor emergente dos veces para para la posición del Pitcher/DPH. En instancias, era confuso. Un corredor podía correr de emergente dos veces, en diferentes posiciones en la alineación. Tan descabellado que los DPHs hasta jugaban defensa. Los equipos no usaron el DPH en todos los juegos, y los Astros, Gigantes, Mets, Cardenales y Rojos no lo usaron en absoluto, y ningún equipo lo usó durante los últimos juegos de entrenamiento de primavera.

Durante los 60s, Denny McClain gana 31 juegos y Bob Gibson alcanza promedio de carreras limpias permitidas a clip de 1.12. En una temporada Carl Yastrzemski lideró la Liga Americana en promedio de bateo con .301. Después, las reglas cambiaron para bajar el montículo de 15 a 10 pulgadas y cambiar el límite superior de la zona de strike. Quisieron achicar la zona de bateo para que la ofensiva hiciera desbarate de lanzadores. La Liga Americana se opuso.

El 13 de agosto de 1980 la Liga Nacional celebró un voto SÍ/NO para determinar si la liga pudiese adoptar la regla. Una mayoría simple de los equipos de 12 miembros era necesario para pasar la regla, y la medida se esperaba que pasara. Sin embargo, cuando los equipos fueron informados de que la regla no entraría en vigor hasta la temporada de 1982, Bill Giles, Vicepresidente de los Phillies estaba incierto de cómo Ruly Carpenter, el dueño del equipo iba a votar. Giles no pudo contactar a Carpenter. Andaba pescando. Como es natural, Mister Giles se abstuvo junto a los Pirates y los Astros. Desde ahí hay desbalance entre ligas.

La falacia que se necesita pagar más para tener un agente libre grande como DH es sólo una ilusión en los mundos paralelos en las ligas. En el béisbol de hoy es más provechoso tener bateadores en la alineación con alto promedio en bases. El Designado proporciona calidad para mejorar cualquier renglón en el orden, pendiente de la filosofía del manager.

Muy difícil para dejar el DH por fuera. Por igual, nunca descartes uso del séptimo sentido avivando intensidad en la razón el ejecutivo de la Liga Nacional debe delegar el asunto a los responsables en el lado del juego. Peloteros, coaches, entrenadores, directores y los Chief Baseball Officers de todos los clubes. El torneo electoral, en mayoría, descubriría el Bateador Designado es una fuerza de mercado, de avance de oportunidades a la explosión de talento amañado por práctica y presión a dar lo máximo. Se lo dejamos a la gente de pelota con la confección del plan interno.

EN LA MISMA línea, Branch Rickey fue responsable de introducir a Jackie Robinson a los Dodgers de Brooklyn y a Roberto Clemente a los Piratas. Fundó las ligas menores, y logró expansión de 16 clubes en 1960 a 20 en 1964. Pienso que toda planificación saca la movida real de los buenos simulacros. Mientras nos conservemos trabajando lo comprehensivo y rayando la superficie, es obvio que el alcance social en interés por el béisbol y alcance global financiero trunca cualquier iniciativa. En casos de iniciativas profundas, los escenarios de simulación primero te lanzan preguntas y sugerencias sobre la caza de soluciones a cada pregunta. Por lo menos nos llevan al terreno neutral de la negociación. La negociación en su fondo espera formalizar buenos contratos y de eso se trata lo febril del béisbol.

DESDE 1943-1945, los Dodgers de Brooklyn llevaron a cabo entrenamiento de primavera en el Parque Estatal Bear Mountain al norte de Nueva York. Durante la Segunda Guerra Mundial, los equipos se quedaron en el norte para el entrenamiento de primavera en lugar de ir a Florida. Los Dodgers a veces iban a las cercanías de West Point para usar las jaulas de bateo de los cadetes del Army. En su tiempo libre, se relajaban ante las chimeneas de la casa club temporera y podían patinar sobre hielo en el lago Hessian. Mientras, Branch Rickey, en Bear Mountain, tratando de poner a Jackie Robinson en el Circuito mayor, sentado con sus seis escuchas y Emil "Buzzie" Bavasi, recién llegado de la infantería después de combate en Italia, y jefe operador de Rickey. Llevaban un plan sensato, firmar a Jim Gillian y Joe Black por $5,000, ambos con los Baltimore Elite Giants en la Liga de Color. Después de Robinson firmarían a Roy Campanella y a John Newcombe. Todo el mundo creería que los Dodgers de Brooklyn estaban refinando su franquicia en la Liga de Color, quizás parte de la naturaleza competitiva de Branch Rickey. Conocía políticos influénciales en Albany, New York, y se pegó a los senadores y empresarios de influencia con iniciativas en relaciones humanas.

En la mañana del 13 de marzo de 1945, Rickey estaba tomando café y leyendo el periódico en el alojamiento en Bear Mountain. De repente, levantó la vista de su papel con una expresión animada en su rostro. "¿Qué pasa cariño?", preguntó Jane Rickey, la esposa. El periódico Mother indicaba que el gobernador Thomas E. Dewey firmó la ley antidiscriminación Ives-Quinn. Con trabajo duro detrás de la escena peloteril, Rickey influenció a que Nueva York se convirtiera en el primer estado en promulgar legislación que reduce la práctica de discriminar a solicitantes de empleo por motivos de raza, religión o credo.

EN OTRA AVENTURA, Rickey and Bill Shea, abogado y ex baloncelista de los Hoyas de Georgetown University tenían esperanzas de establecer la Liga Continental. Algunos expertos califican la movida al tratar de añadir una tercera liga como un engaño que llevaría a expansión. En 1956, George Kirksey, antiguo editor de United Press se hizo de apoyo de Craif F. Cullinan, prestigioso negociante de Houston y abogador por la Liga Continental. Al final del día, MLB no aceptó el vaivén, pero nacieron en 1962 los Colt 45s de Houston y los Mets de Nueva York. El año anterior, los antiguos Senators de Washington se habían mudado y convertido en los Twins de Minnesota. Con expansión, los nuevos Senators se instalaron en el Distrito de Columbia. También aparecieron los Angelinos de California y su primer dueño el afamado Gene Autrey. Tanto por ser de entre la realeza, su carrera en el entretenimiento como actor, por sus recorridos en rodeos, conciertos y la figura extraordinaria en álbumes, antes de obtener los Angels, ya el American Singing Cowboy tenía estaciones de radio y televisión en la costa oeste. Autry quería asegurar los derechos de transmisión de radio a través de KMPC (710 AM, ahora KSPN), entonces el hogar de radio de los Dodgers, desde el momento en que llegaron desde Brooklyn en 1958, y realmente durante las reuniones de invierno de 1960 se las ingenió para poseer su propio club de pelota.

8 |
UNIFICANDO LA FIBRA

"Cada día en el parque, hay potencial para disfrutar—un imparable ganador del juego, salvando el juego con una atrapada, sacando el último hombre fuera con un ponche. La ruta a ese júbilo es mucho menos comprendida".

~Barry Svrluga
The Grind: Inside Baseball's Endless Season

El 2018 nos ofreció en qué pensar. En 2019, en conjunto con la confección de estadios de expansión existe el espacio para cambios obviamente extremos. Tumbar las divisiones East, Central y West en ambas ligas, y doblar a 16 equipos en postemporada—y convertir el juego de comodín a series de cinco juegos.

Nuestra última arma secreta resultó ser la investigación del trayecto del béisbol organizado y el rastreo de sus intereses y búsquedas del perfeccionamiento del rendimiento atlético. Cosas que no serían puestas en texto a su cabalidad, sino permitir que la descriptiva revelara el poder de la intuición ante la verdad de la data. Ante lo insólito de poseer una herramienta a ser unificada, pero inmovible por su frontera de responsabilidad y excusas para seguir reclinada sobre la zona de la tranquilidad. El escenario del futuro trae estampa de pelear en alianza.

Cuál mejor la alianza que existe adentro. Los dominios con mérito por la densa prosperidad. El mismo general de ahorita puede situar en su teatro que un ataque frontal se ejecuta cuando te encuentras en la mejor disposición de recursos. El nombre de la iniciativa sigue siendo el manejo de la topología de control, sea lo que signifique, MLB tiene ese puerco encadenado para las fiestas de pascuas, y pocos en el universo corporativo pueden enseñarle cómo convertirlo en chicharrón.

Al espacio y tiempo no necesitamos modificar mucho sobre el plan de avance por expansión unificando fuerzas. Depende, si la solución ya hizo las paces. Contestaríamos esa durante la síntesis comparando la fuerza de los elementos ante el reto. Después de los cuestionamientos, esto no debe ser peligroso a las metas comunes.

Cuestionar sobre el control en el béisbol nos lleva al Gran Paradigma (propósito) de liderar interés por el juego, igualdad competitiva, ganar plata y distribuirla, y tener el honor de contribuir a la sociedad. Después enfrentamos la misma dirección con fines comparativos (en otros círculos analítica y estudios científicos), pues ahora en el presente lo importante es entender que comparar es también la llave trasera, y de último situamos las esquinas del béisbol total y fuera de la esfera de la dinámica con bordes para lija de espesor. Mientras avanzar el juego requiere alcanzar balance en todos los objetivos, el mapa de ruta no vendría mejor que sacudir el creciente magneto de la postemporada, en interés por el juego, balance competitivo y beneficios al colectivo.

Ya es suficiente; el béisbol tiene a disposición los conceptos de la utilidad y la experiencia ante los hechos de impacto jugando en el diamante y con la economía. Poniendo el punto central de pronosticar la mejor gestión unificada formulando procesos y asunciones, existe la posibilidad de cambios estructurales. ¿Cuanto afectaría a los recursos? Los recursos son piezas mayores que comparados con el alcance total, podrían soportar el ímpetu en la madre de las inversiones. Por suerte, el béisbol domina ese cuadro. En perspectiva apropiada, Expansión 2018-2026 depende de un proceso unificador de influencia, profesionalismo para avanzar el legado del pasatiempo de verano.

Y con esto figuramos el resto es plena conversación en opiniones encontradas, por igual comparando la perspectiva depende si desde adentro o desde nuestro nivel acá en el ahora. Imagina que la ruta con menos riesgo es desarrollar el esquema desde adentro. Te evitas gastos y tiempo innecesario en asesoría. Los asesores residen adentro. Y usualmente son las cuñas operativas en retos sin vuelta atrás.

Cualquier agenda no tiene de otra que buscar balance en el Gran Paradigma. Y mientras en el tema siempre existe lo óptimo de ponerle un nivel de posibilidad (agenda secundaria). Entre asumir que es posible expandir a un diagrama de seis franquicias mayores en ocho años (2018-2026) y su taller para rato en la necesidad de establecer franquicias fincas; de frente se ve imponente. Aquí comenzamos a seleccionar vocabulario que con máxima simplicidad explique y atraiga interés a base de siempre incluir que influencia, profesionalismo y el interés de retornar al origen social son imperativos en cualquier agenda sobre avance de producto.

En eso dependen las perspectivas. Y comencé a ponderar el diagrama del proyecto yéndonos de salida a la solución que en otras esferas van adjuntas con pega a la respuesta desde la puerta trasera. Asume hemos penetramos una simulación con matices de situar lo incompatible en el orden de cooperación para completar el cometido ya que lo compaginable ha mostrado la cara.

No importa la situación, alguien va a pensar que MLB posee ventajas anti-monopolio. Primero hay que considerar el béisbol como deporte es una matriz intrínseca de 30 modelos de negocio diferentes con 30 filosofías distintas que juegan en 30 estadios, ninguno construido igual. Los clubes marcan sus productos en mercados grandes y pequeños, mientras que otros elementos significativos del éxito incluyen el sistema de la finca, roster de jugadores, intereses externos clave, perspectivas sólidas y ejecución de operaciones y estrategias para ganar. No menos importante, la mayor afición nacional e internacional se transforma en una variedad de sabores: aquellos con perspectivas tradicionales, los del método moderno aprendido para asimilar el juego, los que favorecen la ruta y comportamiento en el papel de entretenimiento, y los notorios dedicados al odio, a la desinformación y todo lo que se opone al éxito comprobado.

La primera orden estratégica es asumiendo una perspectiva central que considere las capacidades y evitar que lo no alijado no interfiera. Parte del escenario es rayar la alineación y en un emplaste en alguna pared o esquina del "dugout" para analítica superior. Es mejor, mientras el sol mañanero sirve de inspiración a la antagónica u orden unificado en solución al diagrama. Nos sirve para evaluar la maquinaria de pensamientos, libres y opcionales. Llegando a la solución trasera no implica que no compartamos la misma perspectiva en tiempo, espacio y orden estratégico. Mucha palabrería tampoco es lo apropiado.

Todo se relaciona a tus capacidades y lo que puedes controlar. Hacer tu propio sentido de trabajar con lo que hay. Luego pides te den los recursos para la encomienda.

Bienvenido al orden de los curiosos. Las principales ligas pueden compararse entre sí y verificar cómo los buenos reglamentos crean eficacia y eficiencia de las funciones en todos los niveles. Hoy en día los propietarios disfrutan de una mejor relación con la Asociación. Algunos pueden seguir descontentos con los resultados del impuesto de lujo, sin olvidar que todo el mundo está haciendo el bien en pos de acciones colectivas para beneficio de muchos. Por fin de cuentas, se reduce a la excelencia en que MLB ha organizado la gestión de activos de forma sistemática y científica. En el otro extremo de la antorcha, el béisbol sabe situar una interrelación compleja de sus componentes y recursos. Tal vez la mayor búsqueda puede revelar la naturaleza esencialmente competitiva ha planteado instintos cooperativos haciendo más fácil la reconfiguración por medio de acuerdos. Qué clase de aserción apuntando a que el modo cooperativo es secreto a voces.

Para el amante de la libertad de pensamiento, el viaje histórico de MLB aparece nada menos que la fuerza en la coherencia. Esa vieja tradición se baña en la riqueza y asume que el patrimonio es el vestido de sus colores enterrado en anécdotas y fascinantes hechos poco conocidos e incluso los intangibles como estadios, batallas internas entre tradicionalistas y modernistas, expertos, cabildeo e intereses, y estrategias de marketing al espectro de entretenimiento y explotación del rendimiento y la fama.

Con el objetivo de emplazar la idea, al final del día los intereses propios son compatibles con la ayuda mutua. Uno de mis escritores favoritos es Matt Ridley. Dijo que tit-for-tat significa intercambio de favores similares en diferentes momentos, y los antropólogos se refieren a la reciprocidad como la virtud de que el azar proporciona un beneficio temporal a otras necesidades. La oportunidad paga la deuda, recordamos la buena intención, generosidad, reconocimiento social y espíritu público se mezclan. Merece la pena explorar el debate en reciprocidad. Precisamente central es el arte de la reciprocidad en el intercambio de la riqueza, las Mayores son financieramente autosuficientes ya que evolucionaron como parte de la naturaleza del béisbol en las dos caras; juego y negocio. En identidad forjada en dos ligas y hubo grandes amenazas a tal estructura. En un campo la negociación es reina. Uniendo los recursos se consolida el poder en el ámbito de compartir la carga en las constantes de bienes y servicios a una división justa de beneficios.

Significa entonces, el dinero es motivador por el conocimiento de emprender en todas las ramas del deporte, en foco de marketing bajo la esencia del capitalismo. En referencia, las antecedentes palabras son de Mathew Futterman en Players: The story of Sports and money, and the Visionaries Who Fought to Create a Revolution. Los ejecutivos a cargo libraron batallas contra los atletas, la caída en esas batallas, y la revolución creó el gigante en deportes siendo el arco de esta historia. Es un intento de comprender cómo llegamos al lugar de la extravagancia con producción en alta, siempre-comercializada.

¿Cuál ha sido la tarjeta de registro de lana producida por lo intenso de la postemporada? ¿Pero cuánto cuesta la expansión?

No requieren contestas fuera de contexto. El cómo le hacemos para que los beneficios intensos lleguen a las franquicias de expansión es sólo otra idea relámpago para tejer avenidas y senderos con riesgos, pero aptas para la aplicación de controles. En deportes, acordando los ingredientes y dándole recursos adecuados es paralelo a la ciencia de competir. Entonces sería posible establecer un plan ilustrador con los principios de guiarnos por las fuentes de información y los números. Investigando e interpolando experiencias me topé con Game Changers, libro fabuloso de George Castle. Provee un número de ejemplos, como el advenimiento de la agencia libre, la televisión, los juegos nocturnos y el arbitraje. Según Castle, el béisbol y la televisión se necesitan el uno al otro para sobrevivir. Opuesto a los años 50s cuando se originó la pelota televisiva, hoy las transmisiones son una cornucopia de fuente en competencia—estaciones locales como FOX, ESPN, TBS y MLB Network entre la infinidad de cadenas.

Bienvenido a la lista de aliados con suficiente influencia económica para juntos desplegar la propuesta. Sobre la topología de control a través del optimismo racional y el sentido común hay mucho que hablar. Buscando que alguien con influencia lo note a través de aseveraciones y hechos conmovedores llenos de sorpresa e intriga. Hechos necesitando buscarle la quinta pata al gato, y tal vez en este viaje el juego siga subestimado. Sus eventos pasados se correlacionan con el estatus contemporáneo del poder de la influencia para potenciar la prosperidad en amplias esferas de la comunidad. Es fácil subestimar los objetivos de la riqueza más allá del municipio y la red de negocios y el trabajo altruista requerido. Cualquier persona que aprecie el deporte en parte creerá estar a favor de mejorar, significa tomar la entrada política mientras la adhesión a la virtud social en la regla de oro es concentrarse en el nivel de poder actual y sus efectos, y nunca subestimar quién va a constituir una oposición formidable.

Estamos bien seguros todos los cuadros y segmentos en el espectro beisbolero son responsables de la prosperidad descomunal y la confianza puesta al tratar de domar la bestia de lo desconocido. Bienvenido a la era de los negocios, de la fortaleza de carreteras, puentes y vías alternas. Nos instiga saber si allá en el oeste, por Utah hay minería para explotar.

9 |
INFLUENCIA

"He traspasado las capas infinitas negociando caballos y creando acuerdos, entrega e intriga, las cuáles rigen a la industria de deportes y la que sea. Conozco lo íntimo de familiarizarse con las reglas y riesgos dominantes en el mundo del poder y la influencia."

~Jerry Colángelo con Len Sherman
How You Play the Game: Lessons for Life From the Billion-Dollar Business of Sports

Al otro lado del muro del Rio Mataznillo hay una casa que te embelesa con opiniones sólidas. Es un miércoles y Oliver se despierta temprano, va al baño, le indica a Alma que jale la cadena. El muchachito rubio ahora no es el mismo "superstar" del Team Puerto Rico. Tampoco son los tenis que él patrocina para resolver prosperidad antes de ser agente libre--es el operador de una maravilla mucho más refinada. Alma no es la muchacha linda que lo acompaña siempre que tuitea o publica por las redes sociales su vida fuera del diamante.

Toqué la puerta y Elmer me ofreció recarga de cafeína. Había sido el primero en llegar a Panamá, para finales de los 70s. Nos trajo un C-30 desde Charleston Air Force Base. La jungla abajo, la proyección de vista al Océano Pacífico me retornó no solo a los pasquines de Halcón, los de Linterna Verde y la Mujer Maravilla. Con el denso verdor vino el deseo de repatriar mis vivencias en el béisbol, lo que me había librado de inconveniencias en las insólitas calles de Chicago. Elmer conocía mucho de aquello.

Elmer Giralt, oriundo de la Villa del Capitán Correa, tremendo mentor. Lo había conocido a cargo de "Field Inquiry", el periódico comunitario de Humboldt Park en la ciudad de los vientos. Era la época cuando Jerry Morales patrullaba el bosque central en Wrigley Field, y el día que vimos a Roberto Clemente echarle un jonrón en cordel a Ferguson Jenkins como bala fuera del estadio. El número 240, el último y sexto contra Jenkins en su carrera.

Un dato importante, al volverme encontrar con Elmer, y de entre mis maestros, consejeros y motivadores, saltar la frontera del momento dependería de una reunión en la cuál habría oportunidad para tejer en lo histórico y lo trivial.

Nos fuimos a la terraza contigua al muro del Mataznillo y al instante no enseñé mi honda preocupación, pero no tenía que ver con fábricas persuasivas, ni el hecho que el esfuerzo unificado es siempre la llave al compromiso. Mi inquietud era paralela a las mañas con los políticos; área que si no calculas se te moja el rabo cruzando el cauce. A lo que pudiesen pensar los fanáticos y a los recipientes de la persuasiva, Agenda 2018-2026 en el marco central cargaba con gran peso de recursos.

Hoy no haría nada adicional, sino dejar que la vasta experiencia de los allí reunidos en mesa ovalada dictara lo mejor de su repertorio—asesorar y apuntar a ser avispado, pues Agenda 2018-2026 en algún tramo estuvo encima.

En eso, un aviso electrónico penetrando los auriculares:

Residente: oye bufón chequéame algo con Alma. Necesito la proyección del valor de los Expos

Oliver: ¿pero ya? por qué así y así. La franquicia no está a la venta ¿no que iban a diferir ganancias para amarrar impuestos? Por 10 años dijeron. ¿Qué dice BAM?

Residente: No dice nada y necesito que lo averigües. Andamos mirando los patrocinios, mercadeo, el # exacto de talento en la economía local y la tarjeta de reporte de BAM.

Oliver: ¿BAM tiene problemas manejando el municipio en Montreal?

Residente: Algo. No es nada serio, serio es que hay una iniciativa para manipular la tasación actual de los Expos

Oliver: Espera un segundo…la franquicia lleva valor bajo, no lo veo prudente. Te hago la vuelta en 5. Mientras puedes iluminar a Alma sobre Tijuana

Residente: Ilumínala tú y dile que Tijuana será considerada para la 2da faceta iniciando el 2027

SE CORTÓ LA LINEA. Alma le pasó una llamada. El muchacho rubio ajustó la unidad detrás de la oreja, no sé quién era, pero era alguien con influencia instando poner su granito de sal. Imaginé podría ser Mister Robert Bowman el CEEO de BAM. Supe la conversación fue dirigida a determinar el número de butacas; las que se rentan; y los palcos de lujo para explotar billete grueso requiere que el estadio de expansión se cuelgue al tope de los clubs con mísero chance de entrar a "playoffs". BAM, a cargo de manejar los clubs de expansión concentraría esfuerzo en adaptar cinco o seis mil asientos sobre la realidad mínima de 36-mil en algunos estadios actuales. Y qué si las nuevas franquicias demandan recursos impulsadores al torneo de otoño.

El mensaje no verbal me avisó había venido al cuartel indicado, y mientras lucía que los ejecutivos hicieron la gran movida con BAM al mando, la narrativa de los Magníficos no se la creería ni el gato.

Había hecho demasiado esfuerzo y llevaba el casco echando humo, reconozco, por hacer la cosa difícil con el dedo índice derecho, y no por énfasis de llevar la batalla al que se debe persuadir. Por eso visité mis viejos amigos. Me vi subiendo las escaleras, penetrando la alcoba a la derecha. Directo al cuartito de enanos y de las cucarachas para una recarga de "energía", esta vez en la voz de la referencia para que no me echaran cuentos. No podía creer en aquel diminuto espacio entre la variedad de literatura estaba "Circling the Bases: Essays on the Challenges and Prospects of the Sports Industry", por Andrew Zimbalist.

La sala de conferencias estaba en la recámara con la ventana perpendicular y una vista imponente y apreciable de la calle 1A. Adentro, la voz de la referencia con sus páginas abierta al diálogo. Jalé el libro del magneto de gravedad en el piso, encorvé mi adolorida espina fuera del hoyo cuadrado. Palpé la página 47, parte de 3: Competitive Balance: Leveling the Playing Field. El maestro Zimbalist detalla que a principios de los 1990s la escalada del atractivo monetario de las franquicias limita el poder de ser dueño. Dice sólo los ricos a la extraordinaria o corporaciones, quienes ya gozan de propiedad en entidades de los medios, y poseen negocios conectados al béisbol. Lo curioso de la conexión su declaración que los nuevos dueños valoran a sus peloteros no fuera de la producción en el campo, sino hacia el rendimiento en sus redes mediáticas y sus inversiones. El sueño de los interesados en el negocio es paralelo a lo brutal de contar la narrativa con fin de contentar la mayoría. Incluye el no sermonear la intención, y ser lo suficiente perspicaz de separar los exitosos de aquellos que simplemente sueñan.

En la noche la conversación giró al "brainstorming" comiendo sancocho de Bingo 90. El laboratorio de ideas que Residente y Oliver montaron en Saigón Chiquita arropaba lo que le dieras de comer. Mientras nos deleitábamos con arroz chino de Don Lee, Alma se nutría de información y los dilemas que ella defendía como efectos por causas. Nos preparó un diagrama y lo perfiló como "Baseball Spectrum". En la caja superior, en cuatro cuadros indicó los riesgos. Una operadora nata, podía acezar lo que le diera la gana.

Con el objetivo de emplazar Agenda 2018-2026, al final del día los intereses propios son compatibles con la ayuda mutua. Ya que la oportunidad invierte la duda, recordamos la buena intención puede transformar superávit en intercambio. Generosidad, reconocimiento social y espíritu público se mezclan y merece la pena explorar el debate sobre la reciprocidad. Espero lo hallamos percibido hace rato.

Cabe agregar, las juntas corporativas influyen en las decisiones. Esto puede llevar a retrasos al convencimiento en altas estratosferas. No empero, es cuestión de liderar comunicación ya que el dinero no es problema. Puede que los responsables de hacer cumplir la expansión necesiten detalles al frente sobre proyección de ganancias antes de intereses, impuestos, depreciación y amortización. A este nivel no lo haremos por respeto a los operadores de adentro. Ellos ya tienen esa línea marcada, y lo bello es que cada club lo visualiza diferente, pues los métodos varían. ¿Por qué esperamos se aparezca un magnate o consorcio interesado en implementar una franquicia de expansión?

Por el contrario, en banda interna sería lo suficiente curioso por descubrir algo nuevo entre la influencia del juego. Se podría verificar la disposición positiva de todos los interesados adentro de la organización. O sea, el costo y trabajo compartido por remuneración futura. O sea, el potencial del poder económico interno es fibra formidable. Las operaciones diarias parecen demasiado intensas para desviarse de la realidad. Nada debe tambalear el curso de juego actual. El proyecto tendría que demostrar carisma singular situando algunas fortalezas y mucha oposición. Escándalos han pasado y pasarán. Si tu equipo está a cinco juegos del "Wildcard" y faltan veinte días de temporada, ¿será que las operaciones están cuidando el otro negocio paralelo al béisbol? En deportes siempre hay oportunidad para hacer la pregunta bella.

¿Y qué de poder convencer al poder corporativo? Bajo suspenso, y a medida que iba conociendo la nueva faceta de los Magníficos, Tejeduría de Béisbol yacía en mi cuaderno Balboa. Fragmentos de prosa, párrafos incordios, más dibujos de puentes y pirámides que las pinceladas en las paredes de Tutankamón. En el núcleo, era tabla de remodelación, de seguro no muy bienvenida. Nadie sabía cómo convencer a la gente con el poder de sentencia mejor que los Magníficos. Lo vital del aborde fue la confianza de ver la cosa desde el 2004—año que Andrew Zimbalist publicó May the Best Team Win; Baseball Economics and Public Policy. El distinguido profesor en Economía abogó por reformas en políticas públicas cuestionando y agilizando lo inmediato. Era hora que los barones del juego finalmente hicieran las cosas bien. Para entonces, era la década en la cual finalmente se lograrían acuerdos con gran influencia resultando en los billones de hoy.

Veintitrés años en el futuro el béisbol se ha multiplicado por diez. No hay huelgas de jugadores ni de árbitros. La exención antimonopolio permanece intacta. Las amenazas de los dueños de mudar la franquicia han disminuido casi a cero. Con una racha de más de dos décadas sin interrupción del juego, MLB y la Asociación de Peloteros ya sellaron el último acuerdo de negociación colectiva (CBA) que finaliza en 2021.

Este libro está más relacionado con el proceso que puede conducir a resultados y cambios tangibles. En la lógica, el cambio suele ser gradual y, a veces, radical. Saltando al grano, pensamos es difícil ejecutar expansión de seis clubes por la larga cadena de preparación ello requiere. A favor de la competitividad de todos, anteponer los recursos sería un buen comienzo.

La década anterior, ni hablar de los incidentes con mucho impacto negativo al deporte. Surgieron dudas, pues van dos décadas de esparadrapos en las heridas de los 90s. Casos y cosas inevitables, pero remediables.

Los superiores nunca aceptarían tan voluptuosa movida, hasta comprobar Agenda 2018-2026 contiene ingrediente persuasivo. Tendríamos que probar y explicar hasta el rastreo de comprensión. Habría que nutrir conocimiento y apuntar a la capacidad permeada en tiempos malos y en grandes momentos. Sería seguir creyendo que nuestro pasatiempo favorito sigue el gran juego de extraer y distribuir riqueza para la satisfacción de muchos. Esto era sobre avance de producto y no nos desembocaríamos a otras pasturas.

La cosa va en serio. Las fundaciones corporativas junto la infinidad de técnicas y modalidades con la filosofía de inspiración, motivación, e información, son hacedoras de herramientas explícitas a considerar si el avance de producto llega a ser prioridad. Eso en enfoque externo, son las funciones que importan—ponderando llegar a los responsables del arranque decisional. De seguro, ellos querrán que sus mejores analistas pongan la idea bajo simulación adicional para planchar las arrugas aquí desapercibidas. Ahí tienes taller para rato, para seguir creando alianzas viendo la convergencia de influencia de los peloteros, la asociación, los agentes y las partes interesadas. Los dueños de estadios MLB y estadios de las Menores tienen buen acceso a los políticos. Por supuesto que los dueños corporativos poseen buen record trabajando con las televisoras regionales. El resto es historia y un nuevo instinto.

Preparando este renglón nos atrajo a creer el balance competitivo jugando y por cimientos profundos corporativos MLB lidera la lista entre los gigantes. Por el poder adquisitivo combinado en los treinta clubes en fogueo a pulso de 162 juegos y otoños cada vez más intensos. Mucha influencia concentrada instando a ser dueños unificados de franquicias de expansión. En caso que el proyecto estuviese bajo el objeto de los controles pertinentes, concluimos es alcanzable en modo parcial o completo—entonces la idea debe incluir la esencia del éxito actual. El modelo de funciones en expansión debe ser paralelo al actual. Esa es la tarjeta de presentación hasta el momento. Pero el momento nos transporta al interés compartido. Hay mucha tela que cortar.

YÉNDONOS POR la orilla sin entierro, conceptuando elementos cruciales para el interesado en cómo debe pensar la liga mayor, podría ser forma y arte. Tal es el resultado como para fragmentar al lector, llevarlo al juego por rutas jamás antes vistas. Nunca regreses al parque o pares de leer. El reloj de la época revolucionaria sugiere un nuevo instinto. En la época pionera la sociedad solo conocía la política tradicional y el ambiente económico. Desde el marco de la era industrial, ocurrió una serie de piedras en el camino por discordias entre dueños y peloteros. Negocio y arte. Ahora es la era digital y el sentimiento sigue que el deporte es lo último en negocios formando alianzas corporativas. Se ha perfeccionado el liderazgo en el sentir, la motivación y acciones en un objetivo armado y afinado con la fuerza en alianza corporativa.

Precisamente central es el arte de la reciprocidad en el intercambio de la riqueza. La MLB es financieramente autosuficiente. Evolucionó como parte de la naturaleza del béisbol en las dos caras del juego y como negocio. En un campo la negociación es reina, uniendo los recursos se consolida el poder en el ámbito de compartir la carga en las constantes de bienes y servicios a una división justa de beneficios. ¿Sería el momento preciso para disertar los argumentos del profe de los economistas?

Entonces, antes de explotar los denominadores comunes relevantes, consideremos sumergirnos profundo en la necesidad crucial de consolidación para responder al escenario. En caso que se inicie una expansión agresiva veremos cómo se acentúa el efecto a los propósitos del béisbol. De seguro las soluciones a los cuestionamientos dependen de los números. De las historietas de calles, y los rastros históricos. Inicialmente, los de influencia única y variada pueden derivar otras ideas y rutas.

Gracias a Dios por un parque con las amenidades arriba de las gradas, por la comprensión del logo del equipo y su valentía a base de puro liderazgo e ingenio técnico—y no menos lo irremediable de los factores del parque, a vez detrimento hasta el último hombre puesto fuera. El tema del parque está fuera de liga por ser intensivo en recursos. La tierra está cara. Las constructoras de estadios están acostumbradas a explotar el billete grueso. El público recibe la carga a la hora de pagar la inversión. De seguro la gerencia general considera otra alternativa que reparta el costo entre la esencia organizacional. Muy atinado situar el clima político con el gobernador. Espero el ir recogiendo roletas siga siendo la clave y su perfil de manejo se vaya materializando. Con retos extremos entran las estrategias superiores por su nivel de vaticinio. Todo se cierne entre la negociación saludable y la equitativa.

En algún lado de esta súbita evolución en burocracia y sensatez, se debe simplificar la carga con cambios desde adentro. De que al expandir seis franquicias la tajada debe resultar en partes iguales—para eso la idea de que es el mejor complemento a un sistema de repartos de ganancias ya funcionando a perfección. Si le aplicamos cabeza y algoritmos la cohesión y una afluencia de billetes nunca imaginable, hablaríamos de lo exponente del objetivo. Lo bello de esto son los métodos excelentes existentes para distribuir las entradas de dinero. Expansión de este modo significa chance de inversión para los interesados que ya están en el nudo. Por supuesto habría ciertas dudas en cuanto a los montos; cosas que la organización no cesa de reducir a lo cotidiano. Demasiada labia y al punto; el contrapeso de Agenda 2018-2026 es formular una estrategia global que fortalezca los principios del Gran Paradigma. ¿Cómo influyen las características del Plan en los de adentro? Hoy el influjo flota en todos los planos y pisos con crisis y soluciones entre juego y negocio.

VISUALIZAR LA VUELTA en esta forma es tela profunda y admitimos nuestra terquedad trajo ejercicios en un número alarmante de posibilidades demasiado profundas para plasmar en menos de 45-mil palabras. Lo esencial para comprender el marullo, sería plantar cabeza en los detalles de Agenda 2018-2026, pero no íbamos a despepitar ese mamey hasta descubrir si las posibles amenazas a la estructura de la organización son perspicacias delicadas. MLB se alimenta de un gran reto cotidiano. Nosotros no somos los únicos mirando a través de la ventana invernal esperando el llamado a jugar pelota. Los dueños llevan a cabo sus maromas ante el creciente sistema corporativo. Los peloteros no tienen vida desde las ligas de naranjas y cactus hasta el último día de la Serie Mundial.

10 |
ENTRADAS EXTRA

"La economía es como la cosmología. Un mercado en expansión, como un universo en expansión, tiene leyes únicas y fenómeno local."

~Jaron Lanier
Who Owns The Future

En Chiquita convergía una especie de fraternidad. Por experiencia ahí conocí a Hiram Máxime. No le gusta que lo llamen por el nombre de pila, algo conflictivo, pero parecía coach sin pelos en la lengua. A la final creo que vendieron la data sin su aprobación. Los bufones del Club Magnífico lo apodaron Residente y ahora metía la cuchara en la dinámica.

RESIDENTE: La herramienta escondida a la vista de los dueños, a la del engranaje total. Visualicen el impacto a los 30 Grandes, a los peloteros, a los dueños de estadios y clubs farm, a MLB Community—en fin, a los pilares que se convertirán en alianza.

Y no era tarde para que Alma se introdujera en la idea de lograr competitividad a nivel arrecho. Por supuesto la Maravilla 77 de antemano crujió la data estratégica. Imaginé el líder, ex primer sargento del Army hacía eco a los dominios con el poder innovador.

Alma: Si se llega la firmeza, otras entidades deportivas y no deportivas la emularían. Cualquier razonamiento depende del balance y avance de los 4 deseos: crear interés, ganar, ser cooperativo y alimentar la sociedad. ¿Pero cómo formamos las alianzas para dar el salto? ¿Sería la influencia su diáspora estratégica? ¿Cuál es el record de los pilares del juego? ¿Por qué MLB debe ser dueño de los clubes de expansión?

Ahora la chica de chatarra era la maestra. Métete en la mente de la gente, me aconsejó el líder enjuto, sin pelos en la lengua. En cuanto a la chica enviada por DARPA, ni me atrevía preguntar. Por eso Ruperto me servía de asesor, y los cuestionamientos que su pericia no ordenara, para eso la maravilla con inteligencia artificial. Don Ruperto permanecía a tándem hasta el momento de recostarse de la rama de totuma. Era un serio experto, y Máxime estuvo un momento inmóvil imaginando quién podría ser convencido que BAM se ha ganado la escogencia y tiene la capacidad para manejar las franquicias de expansión. Yo tomaba notas, y el grupo no cuestionaba la forma en que cuadraron la vaina. Paulatinamente todo evolucionaba con miras a ver la cosa desde afuera. Algo así como visualizar Agenda 2018-2026 en inocencia para no dejar que los prejuicios formados y ahora despiertos en el subconsciente sean obstáculos innecesarios. Lo importante es que todos tuvimos experiencia desde afuera. Ninguno jugó profesional inclusive yo por ser despistado y buena gente con todo el mundo. La ruta a mejorar con bastante organización y malicia. ¿A quién debíamos convencer? ¿Al Comisionado y la Junta Ejecutiva, a los de influencia, economistas, los de intereses marcados, el innovador, un analítico, o será al que desvela en el fondo la magia de la simbología para crear opinión privada?

Quizás al que el juego le trajo la misma felicidad que ambos percibimos, pues al final la pelota es asunto de jugar en equipo. Nos tenemos que rosar celebrando triunfos. Sin duda estamos hablando en plural y la pluralidad es el secreto del juego, de su estructura, y la senda por la que el béisbol puede asegurar el flujo al ritmo del formato de acción. Ya sea en el campo de juego o en el "front office", o durante tejeduría para un mejor futuro. Al final del día uno tiene tiempo para someter un informe con opiniones desde afuera en cada una de nuestras pericias. Por el profesionalismo en la materia y decidir la jugada óptima fácil llegamos a comparar y a medir el poder de ese tipo de influencia. Muchos de los deseos sobre el crecimiento de la pelota se han logrado, no siguiendo un proceso prescrito sino reaccionando a las oportunidades, ya que los pensadores clave trabajan en base al diseño individual de clubs. A nivel ejecutivo podríamos considerar el diseño capta los modeladores del futuro una vez que se sabe que los recursos están a la disposición.

Hoy, el reparto de las utilidades, ya sean resultado de las multas de lujo entrando al fondo central, las ganancias increíbles por BAM y su trabajo en lo digital son buenas. Cumplen con su función de equilibrio competitivo. A causa del equilibrio competitivo, ahora nadie amenaza mudar la franquicia. La sociedad sigue atónita por la prosperidad como nunca. El béisbol sigue siendo fuerte, sin embargo, la sociedad no ha visto su impacto más formidable. Si MLB cesara de esperar que algún billonario desee una franquicia, y en vez, unifique los recursos internos estaríamos en la misma página utilizando la ventaja de la reingeniería controlada. Agenda 2018-2026 trata de cerrar esa confrontación especificando todo el potencial, incluyendo las alianzas de compartimientos, abrimos dejando la clásica importancia de permitir que los ejecutivos sigan pensando a su manera. Convocar un Club de Convergencia aún sigue difícil si no se identifican las herramientas, los orígenes de la pasión por el juego, y definitivamente el universo de personalidades entrando y saliendo de la cueva. Remodelación de un juego con grandes dimensiones. Comenzando con atrapar el prestigio obtenido por cada uno de sus componentes y terminando ajustando el desplace con todo el poder, las destrezas y artimañas aprendidas.

Y ENTONCES DIRÍAMOS que no es un rodeo predecir esto puede funcionar. Natural nos emana que mientras las ganancias sigan en alta; ahora es la época precisa para avanzar. Para que el producto de guante y correderas sobre cal caliente vaya más allá de una visión, es alegórico como los malabares uno se inventa si juegas el bosque central y la vaina viene en tu dirección súper veloz. En mi ocasión, veo la situación desde la perspectiva del que lo cuestiona todo antes de meter los dedos en el guante. De ahí en adelante no hay tiempo para cuestionar lo correcto en el manual de la continuidad. Hagamos creer que el béisbol siempre propone tiempo para organizar desde el último puesto fuera en el juego anterior. A la hora de convocar retos el equipo con bastante asesoría y confianza interna no deja de pensar en competir y ganar. Recordemos los célebres han viajado desde los "periquitos", pasando por "T-Ball", y lo que conlleva convertirse en súper estrella requiere te adaptes a un número de reglas básicas y simples en un deporte intricado. Somos un producto listo para ser explotado ante los griteríos en las gradas y ante lo que piensen y decidan los jefes. Casi todos los de responsabilidad de poner un equipo ganador en el cuadro saben correr sus operaciones. Sin expertos no hay organización, y los emprendimientos de reingeniería tienden a ser discutidos más a fondo utilizando todos los hierros. Lo imposible permanece en el dominio de por lo menos considerar que una expansión pronta es posible. Aunque sea una fracción de lo ya conversado. Hay que ver la descomposición de todo aquello que une al béisbol, las luces que brillan éxito, y poner las reglas sobre la mesa igual que hasta ahora.

Por eso jalé la soga juguetona como cáñamo de entre una inspiración combinada, y exclamé ya casi entro en la diatriba. Así comenzó la idea y de aquí en adelante a consultar cualquier duda con la máquina. Yo consulté y su intención era lo esperado. Los escritores escriben historias únicas sobre quién termina ganador cuando la organización, el proceso y el juego van bien, similar al sueño altísimo de los héroes sublimes al implantar sus marcas y proezas y debatiendo fantasía que puede resultar en valor neto. Debatir fantasía pudo haber incluido la pregunta de si dejarán las ligas japonesas la política de transferir a sus jugadores por fuertes sumas en una lotería. No obstante, fue obvio el rendimiento de grandes japoneses como Ichiro Suzuki, Hideo Nomo y ahora Suhei Ohtani. Estamos seguros de la cosecha con más peloteros jóvenes de aquí y de allá llegando a ser superestrellas.

11 |
TALLER PARA RATO

"Ojalá sigan las clínicas de MLB y así darles la oportunidad a muchos jóvenes de diferentes países de recibir una buena instrucción del mejor de los deportes: el Béisbol".

~Félix Feliz
Días de Sacrificio, Gloria y Esperanza (Memoria de un Scout de Béisbol)

Coincidamos al unísono, aunque no podamos permitirnos eludir un mal destino. El juego y los beneficios deben seguir adelante a escala superior. Le toca a los ejecutivos y a los cerebros del campo crear arranque. Si el viaje no gana tu corazón estamos despedidos o nos unimos a la planilla de la liga independiente.

Apreciamos en grande el interés y retroalimentación. Imaginación compartida fue nuestra virtud. Como en el juego de pelota, ahora los sistemas de controles son mejores. La influencia económica, política y social en el universo corporativo vuela por las nubes.

No importa, los cinco allegados al Club Magnífico me servirían como piedras de quebrada para saltar coordinación respetando cada una y todas las sugerencias. Al partir, iría directo a la imprenta. Así comenzaría la prioridad de creer en las habilidades individuales, en equipo conociendo las pericias de juego y abrazando lo aleatorio que nos transporta a entradas extra para no partir sin traer victoria a casa.

De salida, me había sentado en la barra del Jardín Cosita Buena y me espeté una Atlas que venía como moneda bajo gravedad de árbitro principal. De ahí vine caminando para la rapidez de extraer posibilidad que al final, de seguro, permanecería en el perímetro de la utopía. ¿Y qué de esos mentores de quienes emulamos la mentalidad, habilidades y herramientas? Cuestionando si por ser idóneos comandaban algo especial sobre nuestro sueño de arribar a la gran carpa, y junto a grandes contribuciones sociales, por ejemplo, el incansable sacrificio desarrollando el deporte a nivel juvenil. Ahora no tiene precedente la forma que el pelotero se envuelve. Mira a ver el énfasis en Quisqueya, Curazao, Puerto Rico con la fiebre de los Rubios, el buen talento saliendo de Cuba y hasta en Venezuela entre vidas sumergidas en crisis constantes y profundas. Los nenes de doce, catorce años con potencial en la mira a un contrato prontito y la tendencia en la formativa de peloteros en las academias lideradas por distinguidos. El contexto de la Academia ha sido un fuerte indiscutible. ¿Por qué no lo deberíamos implementar para fortalecer el equipo Mayor de expansión? La corriente central la adoptaría, también como eje.

TAL VEZ ESTE es un viaje indicativo que el juego sigue subestimado. Sus eventos pasados se correlacionan con el estatus contemporáneo del poder de los subafluentes, del poder de la ciencia avanzada de juego para potenciar la prosperidad en amplias esferas de la comunidad. Con esto retorné a realidad, y deduje ahora el modelo poseía potencial a ser clonado. El punto sería convencer a los Magníficos a que vieran las figuras. En la pantalla grande estaba Aroldis Chapman en la novena entrada perforando la zona de bateo y el sonido de la bola cortando el aire creaba un sentimiento de inquietud. El reto mayor, pero no imposible.

12 |
RETO MAYOR, NO IMPOSIBLE

"Si un partido político o secta religiosa tuviese siquiera una fracción de la influencia que la industria de la publicidad tiene sobre nosotros y nuestros hijos, estaríamos en pie de guerra".

~Rutger Bregman
Utopia For Realists: How We Can Build The Ideal World

Yo sólo veía los muchachos acuartelados en la Maravilla 77 con las revoluciones a mil. Estaban generando visión sobre las partes individuales de la práctica del día a día en todos los soportes planificando, midiendo tiempo, maximizando contactos y tecnología, gestionando contratos, negociación y educación continua. En el fondo, planear a lo ancho es curiosidad—me dijeron—tanto como para conocer un tema es tratar de escalar su nivel a un punto dónde el potencial de asesor o consultor sea palpable. También hay que hacer las de siquiatra.

Jalé varios libros del estante. Con fuerza, abrí cualquier libro y sus maravillas para entender la transformación. A pesar de lo que surgiera, el manual de control en expansión residía adentro.

EL FONDO CENTRAL es clave, o se puede disponer de otro fondo exclusivo para expansión. No es un núcleo transparente, por lo menos para los observadores externos, pero el Fondo Central es vital a muchos programas sociales como MLB Community. Programas para el desarrollo del juego, sostenimiento de proyectos preciosos como RBI, Pitch, Hit & Run, MLB Youth Academy, Boys & Girls Club of America y soporte valioso en compromiso con la fanaticada, el municipio, y esfuerzo por remunerar a los peloteros veteranos por trabajo incansable, y al entorno terrenal que asienta el juego. La dirección y empalme de promover el juego están marcados. Despegando desde ahí cualquier pelotón en cinta celeste pudiese comenzar a tejer el plan interno sin descartar que tampoco la intención es no agotar la alcancía social.

Algo como para no reinventar la rueda, MLB enfrenta el sacrificio del mantenimiento, y desde el monitoreo externo vemos allá adentro muchas tormentas de ideas para mantener en alto el interés por el juego. De hecho, y de nuevo suponiendo que el periodo 2018-2019 fuese objeto de análisis para penetrar las regiones de expansión, primero buscamos los idóneos. Si son de la cepa de los Millenialls, todos califican para pelotón de reconocimiento.

¿Por qué no existe un torneo nacional en pelota de high school? Tomando la iniciativa con una agresiva embestida con las ligas juveniles, apoyado por los programas comunitarios existentes, hablando con Parques y Recreos. Hace una gran diferencia romper el paradigma de que el talento moldeado a nivel profesional sigue siendo un cono. Muchos peloteros retornan al pueblo, algunos comparten los secretos de finca y los de camerino Mayor. Para estos idóneos, sería comerse un mofongo con caldito, y el impacto debe ser abrumador. Por fin una coordinación para que las ligas locales sientan el impacto del entrenamiento, los consejos a la chiquillada, formas de bloquear la bola para que no anoten, y el azote del marketing colgado a la efigie de los peloteros. Todas las cualidades apegadas, los entornos donde jugábamos pelota, las batallas con curvas y líneas vertiginosas directo a la manilla. Por tradición el avance del juego se basa en preparación y la seguridad de la experiencia provee el filo del ataque. ¿Y si esta fuese la dirección al establecer la marca de las franquicias de expansión?

De los impuestos de lujo colectados y de otras fuentes de ingresos es que MLB ejecuta la distribución a equipos como parte de los acuerdos con la Asociación de Peloteros y entre los dueños de equipos. La distribución local, con los avances modernos de contabilidad y transferencias son la topografía estrella en cualquier antagónica con la sugerencia de ir tramando la entereza global. El primer golpe hacia expansión es el envío del pelotón ávido en la molienda a esgrimir los beneficios de la experiencia profesional. Todavía falta por extraer de esas potencias que componen y comparten el esfuerzo total, a pesar estamos situando una organización con treinta clubes, treinta estadios, treinta filosofías distintas y cada club suscrito a nueve equipos de finca. ¿Y qué de las Regional Sports Networks? Muchas son dueñas y otras—propiedad de los equipos, pero existe mucho crujir en el camino a capitalizar del caudal con excelente señal donde quiera.

SE DICE QUE Victor Pellot nació con una mascota de primera base por mano. Tenía manos seguras, y por dejar caer la bola adrede para efectuar doblesmatanzas, las Mayores instituyeron la regla del "Infield-Fly". Por la ruta de la humanidad se puede formular reconocimiento, extraer de la experiencia y objetivo global, y traer expansión a casa, y de paso instituir y modelar los desbalances del juego y su composición. A través de los fantásticos, sin sugestionar a Tony La Russa, a Cheíto Oquendo, a los inventores del Salón de la Fama, todos los ejecutivos y operadores en los equipos conocen el proceso y requisitos al establecer una franquicia. Montar una franquicia de expansión cuesta dinero, toma recurso humano con variedad de especialidades, peloteros, cazatalentos, dirigencia y aún más importante—voz y voto de toda la estructura. La mejor ayuda al club es ejecutar a la altura de la fibra poderosa, inteligente y ágil que conocemos. Hacer referencia a fuerzas, oportunidades, debilidades y amenazas es sinónimo de disertar los hilos de la pelota. ¿Qué dice la tarjeta de anotación? ¿Qué dice el informe de mercadería?

La Asociación de Jugadores, por ejemplo, nunca debe cambiar su rol de gremio laboral. Por supuesto que van a surgir condiciones y preocupaciones y lo mejor es aplacar en la misma mesa de negociaciones con fervor al extremo del optimismo. En la cuestión de ganar-ganar no existe mejor ejemplo como el compromiso mutuo siendo el responsable para intercalar mejor profundidad geográfica en béisbol.

ROGUEMOS VENGA EL mejor amigo del lanzador y que el manager no se toque el brazo en esta dirección. En modo simplista y por los principios, antes de verificar los retos mayores, muy importante sería que todas las partes del béisbol sigan funcionando en acción y responsabilidad con flexibilidad ante el cambio radical. No creo exista obstáculo difícil de traspasar tallando la alineación en orden descendiente ojeando las causas del estado actual. Mercados respondiendo y eso llena un kilometraje, quizás otra cartulina de telaraña para avance del juego.

De aquí en adelante, al seguir pensando sobre un marco conceptual que lleve a mejorar la competitividad y traiga riquezas mientras reformula el béisbol en la comunidad, no se puede subestimar la encrucijada de hacer cambios radicales por chance, consenso, aprendizaje y diseño empresarial. Sería por estos estilos de cambio que nos vemos próximos a ejecutar la actividad más allá del pensamiento y la estrategia a una realidad futura.

Al final de la jornada los ejecutivos llevan en su cancha realizar que la aventura no es sobre modificación de partes, sino adaptar como si fuese salto de un sistema inicial a uno nuevo. Los clubes dan la misma vuelta todos los días, excepto que en el béisbol no hay que ponerle la corbata a nadie. La iniciativa sí indica requisitos de hacer cambios dramáticos en un tiempo relativamente corto. Diríamos que el sistema total de MLB sufriría transformación de estructura y algunos procesos relevantes que van a afectar la competitividad, esperamos sea para mejora. Sería llevar la medida con el interés de la fanaticada y potencial de ingresos y seguir haciendo lo mejor que MLB puede, mientras ejecuta al tope de otras entidades deportivas. La competencia individual ahora posee balance en una molienda constante dónde los errores mentales cuestan juegos. El objetivo se hace más grande estudiando las raíces del éxito individual que refleja crédito colectivo y gobernativo. Y como organización, MLB no tiene problemas sino es posible que pueda mejorar el manejo de complicaciones en un reto fresco. Conoce bien por dentro la labor interminable de los expertos. Desde el origen del juego hubo gente con influencia para maniobras fuera de liga.

POR LO DE ahorita, ninguna otra entidad deportiva sigue volando alto, sosteniendo fuerte a través de los tiempos más difíciles y rebotando atrás mejor que nunca. Sin embargo, ¿cómo podríamos evitar el pensamiento cuidadoso de hacer girar ideas que podrían desencadenar dilemas reflexivos? En el realismo que escogimos, precisamente el objetivo de aprovechar taller para rato con chance para aprender algo nuevo, tampoco estábamos tejiendo cosas simples.

Hablando de equilibrio competitivo, en 2013 los Houston Astros salieron de la Liga Nacional y se unieron a la Liga Americana Oeste. Desde entonces, el universo de la paridad tiene quince clubs en cada liga. Sin embargo, el pensamiento de expansión no ha desaparecido. Puede que no ocurra de inmediato, porque mientras no se materialice no te impide formularle un escenario paralelo. No meterle cabeza puede resultar que otro rival aplique la vaina, y entonces la unidad de esfuerzo permanecería foráneo al sentido común. Olvidado.

El crecimiento geográfico es posible si se asiste del dinero derivado del impuesto de lujo y la redistribución de la nómina del equipo (primero obtener la aprobación de la asociación y otras vías existen). Antes de ponerlo en marcha, la distribución de los ingresos se mostrará como todos los componentes de MLB saben negociar los intereses. En otra caja de pandora podíamos apreciar cajas y círculos jugando la torre del poder, con flechas y arcos empujando los botones de dirección sensible, pero giremos las llaves en el cerrojo anunciando que desarrollar simulación mental tampoco es cascara e' coco (quién dijo no era fácil). Mientras nos conservemos trabajando lo comprehensivo y rayando la superficie, los mercados siguen en alta como mejor indicio. Hay proliferación de talento. Cómo el béisbol luciría mañana descansa en el último fallo. El escenario busca la aplicación de la mano invisible que favorece los intereses en actividades productivas que promueven la prosperidad de la sociedad.

BIENVENIDOS AL REGRESO de los Expos en el Estadio Olímpico. Saludemos a la franquicia basada en la cúpula de San Antonio Álamo. ¿Puede Utah desarrollar una franquicia ganadora? Oklahoma tiene petróleo, en Portland hay mercado y buen calor en Las Vegas. Demasiado pedir. Las cosas se calientan en las fronteras de las ligas. Montreal ha luchado por un retorno. Las regiones escogidas son la excepción en caso que la decisión unificada y su propio juicio lleve el juego a otro cuadro.

Imagina el embeleco adherido a la marca de los clubes frescos y en apoyo operativo a MLBAM como válvula de control, los peloteros, los agentes de peloteros, los dueños y los patrocinadores en compromiso a la inversión y calidad total del proyecto. La pelota es cara, pero es lo suficientemente dinámica logrando las metas para dar el ejemplo a otras entidades.

Además, a pesar de que el béisbol es tan fuerte y satisfactorio en su registro de consternación, la geografía se enfocaría como la última frontera para lograr uniformidad, por ende, negocio más compacto para explotar buen carácter. Además, el orden complejo de cualquier expansión futura debe surgir con simplicidad.

EN EL ORDEN de las cosas, hay varios juegos de reglas de negocios: MLB tiene un contrato. En las Menores es otro. La intensa relación histórica entre peloteros y dueños de equipo actualmente está plasmada para resultados positivos. Todos son millonarios. Las reglas en papel sobre el buen espíritu de competencia apuntan a dar crédito a los ingenieros de dichas reglas. Algunas reglas no escritas, asumimos, necesitan crédito.

A lo largo de épocas de influencia, todos los clubes desarrollaron una forma favorable para establecer sus marcas. Se conectaron en el municipio penetrando en el modo de vida de los ciudadanos. Sus diversas tácticas de supervivencia se revelan en la vanguardia del propósito oculto en cada liga.

13 |
LA MARAVILLA DE LAS TENDENCIAS

"Este mundo es sobre el negocio de crear campeones en sociedades condicionadas para adorarlos, y remunerar a los mejores con compensación sobre $100 millones".

~Mathew Futterman
Players: The Story Of Sports And Money, And The Visionaries Who Fought To Create A Revolution

Fue en la década de 1950 cuando las ligas menores se expandieron. Branch Rickey tuvo mucho que ver con ello, como casi todo lo que requiere visión ancha en béisbol. Suponiendo que la televisión complementa la visita del adversario anunciando el poder del desarrollo del jugador y el trabajo en equipo terminan entre las prioridades en un juego de niños ejecutado por adultos. La experiencia de las personas que dirigen el béisbol en el campo y más allá de los camerinos aprovechen la invención del adiestramiento en una serie de disciplinas. Abajo en el patio la directriz a la tropa para expandir el juego no necesita bloqueos mentales. Por un lado, el juego es lento, la tecnología lo está haciendo más rápido, y permanece el juego favorito de tantos. En esto, las opiniones varían, la afición en ocasiones malhumorada por el costo tan alto. Como preludio constante de a quién le importa es sinónimo de contar con libre albedrío. Juego libre, y si la concurrencia al estadio y por artefactos digitales va en alta, entonces sigue popular y produciendo. En 2017 catorce clubes trajeron entre 30,757 y 46,492 espectadores en promedio jugando en casa. Teena Maddox, veterana escritora de la revista digital TechRepublic produjo en el mismo año que "la tecnología se está utilizando para acelerar la experiencia del juego para que los equipos puedan mantener fanaticada llegando a los estadios, así como para comprar mercancías, alimentos y bebidas. Desde 2012, la asistencia ha ido disminuyendo lentamente en los juegos de la MLB, con menos fanáticos que optan por navegar el tráfico alrededor de los estadios y pagar precios altos para ver a sus equipos favoritos". También hizo hincapié en 2007, el año más concurrido en la historia de la liga, 79.5 millones de fanáticos asistieron a juegos de temporada regular. En 2012, esta cifra se redujo a 74,9 millones y, en 2017, se redujo aún más a 72,7 millones, según Forbes. No obstante, las subscripciones de MLB.TV figuran número cuatro después de Netflix, Amazon y Hulu. En 2016 el afamado comentarista deportivo Maury Brown, indicó en Forbes, "mientras que los medios digitales continúan viendo una gran parte de los ingresos de las ligas, la televisión continúa creciendo y ahora figura como el principal generador de ingresos".

Por otro lado, como aficionados, actores, intelectuales o ejecutivos o simple y sencillo, lectores—las tendencias modernas nos impulsan a creer en el crecimiento. Las Mayores han vivido los reglamentos necesarios para ajustar las relaciones de los individuos con derecho a voto y empoderarlos con fines de intercambio social y material entre iguales. Arguyendo a los logros y convivencia entre peloteros y dueños y relaciones entre todos los personajes en la casa club. Dónde el negocio sea rentable impera la unión y metas precisas.

Cualquier persona que aprecie el deporte o parte de él sabe que estar a favor de un mayor bien significa tomar la entrada política mientras la práctica preceda a la predicción, y los riesgos que conllevan la senda tan vertiginosa. La adhesión a la virtud social en la regla de oro es concentrarse en el nivel del poder y la influencia actual, actividades inclusivas y tan orgánicas en las oportunidades que esto pueda recoger.

--Nunca debes subestimar quién va a permitir una formidable oposición—decía el escritor de Piedra Candela.

¿Por qué los jugadores y los agentes de influencia son las opciones correctas para liderar el avance del béisbol? La inversión inicial (recursos compartidos) sirve como una transferencia de valiosas habilidades que constituyen el máximo intercambio de conocimientos en alas de la perfección. No es mentira que el juego es próspero. Los propietarios son billonarios y son corporaciones. Los jugadores y los agentes son millonarios, y los jefes de la arena son expertos en la manipulación de la política y la explotación de los atajos fiscales radicados por interés, usualmente, hablando de demócratas y republicanos. Antes de seguir adelante, el Servicio de Rentas Internas tiene leyes legales. Algunas se introducen como ventajas, pero en caso de duda, seguir la legalidad y por la séptima entrada, ganar puede ser claro como el cristal. Tomemos el ejemplo en la Sección 501 (c) (3) del Servicio de Rentas Internas, que, según David Cay Johnston, es "una ley tributaria tan oscura que el IRS prácticamente ha ignorado, ya que autoriza a las personas y las empresas a deducir los regalos hechos a las organizaciones benéficas. Fijo en el inciso 15, autoriza exención de impuestos a las compañías de seguros. Como resultado de la ley de reforma tributaria de 1986, se impuso el requisito de que las aseguradoras exentas de impuestos sean compañías mutuas, propiedad de quienes compraron las pólizas—los inversionistas ahora podrían poseer las compañías de seguros exentas de impuestos". Así dice el autor de Perfectly Legal que para el año 2000 había más de 1,400 de estas compañías, hoy saboreando los beneficios de las inversiones. ¿Sería razonable pegar esta resina cotidiana y en demanda incremento a expansión?

EN CUANTO AL talento disponible para otro nivel, a pesar de que es difícil encontrar, firmar y nutrirlo, es no menos que el efecto de la era de la métrica girando a favor de situar los recursos durante la preparación para ganar juegos y series. Los gerentes generales han aprovechado al máximo lo que hay disponible siguiendo el talento con máscara de escasez, pero la realidad contiene lo suficiente. Luce escaso por lo templado de la demanda en la competencia. Existe ahora mucha profundidad de recursos disponibles entre los 30 clubes.

La diferencia en el panorama de las tablas de posiciones y victorias es la aplicación de las ventajas de pronóstico, aclarando que el significado del pensamiento sobre utilidades en parte de los dueños—es una convocatoria al poder de decisión. A los que le interese formular una plataforma de despegue se le hace pensar que los dominios de pronóstico tienen su terreno listo. A base de recursos, diríamos.

Para cuando los grandes de la prognosis se junten, asignen sus prioridades existirá un ambiente de posibilidad, hasta que las tendencias, las máquinas, los cerebros de la "sabermetría", los algoritmos, los interesados y sus contables digan vaya en marcha, aquello visto no posible, sería modificado para influir en millones de personas. El resto es averiguar qué se necesita para no yacer al otro lado del tren y quedando rezagado ante tanta táctica y estrategia en las lecciones cooperando.

Si fuese solamente por los dominios para formular una tesis, sin asumir sospechas trabaja lo simple. Lo comprehensivo, hoy en día lo resuelven los domadores de máquinas cuantificadoras de la física del béisbol y del flujo de dólares basado en una doctrina específica. Tienen a la mano el manual de las materias que traen prosperidad al deporte. Vea que estos sabios residen sobre las gradas y otros avivan el efecto "Yadi Molina". En el momento hay demanda por lo templado de la competencia entre equipos. Hay mucho cátcher bueno. Aunque las tendencias indiquen un superávit de pronósticos—sigue siendo el contacto de la gente que corre la organización el manubrio para no perder el equilibrio y proyectar debilidad ante el antagonista que puede venir vestido de inacción. Entonces sí que nos lleva la tulivieja al cerco de bambú.

¿Significa que ahora es otra historia? Los modelos para alcanzar las audiencias y alianzas más grandes llevan un propósito correcto y los objetivos para que fue construido en mucha coordinación cara a cara. Las empresas que hacen negocios en los mercados deben estar en sintonía con las reglas del gobierno. Es una cuestión de detectar las fortalezas que goza la región, por lo tanto, desarrollando lo suficiente como para despegar paralelo a la economía. La historia puede revelar el significado de circundar el Alamodome, no con armas y caballos, pero incrustado en que las nuevas franquicias deben sobrevivir. La marca de la franquicia que germina por el compromiso de crear prosperidad, y nada prevalece a menos que el trabajo en equipo se muestre. Para los que se preocupan por el juego y su geografía, más fuerte es la opinión de mayoría, que San Antonio puede proliferar sin afectar los mercados de los Astros y los Rangers. Esos maestros en esto cargan fanaticada fiel hace rato.

BIENVENIDO AL JUICIO por el avance. Y antes de ponernos a dormir por ser mañana el día de portar peto y careta en las riberas del rio, tiempo para organizar los sueños y en sueños hay una estructura fija. Una no apta para obrarle reingeniería a menos no se palpe lo persuasivo en una simulación que requiere pensamiento por su complejidad. Los tomadores de decisiones cada día aumentan la naturaleza corporativa bajo el empuñe de los ejecutivos y sus delegados operadores de oficina y de cuadros y multitudes y métodos para atrapar datos. Empero, reestructurar es el miedo mayor en entidades fuertes y logrando balance en las metas. ¿Por qué quebrajar algo que produce en alta?

Acordemos el resto es historia, ahora que la llegada de un sistema híbrido conecta las fortalezas del deporte con la comunidad. Hagamos análisis de algunos dominios claves. Dueños, peloteros, la Asociación de jugadores, aquellos corriendo la maquinaria de las ligas menores, incluyendo los scouts, los umpires, los analíticos en "Sabermetrics", y por supuesto, las gerencias generales componen funciones, gran complemento al poder de decisión ejecutiva. Los puntos de dictamen son relativos a la consideración de las capacidades ejecutivas ante la disposición de llevar la fibra al extremo del amarre unificado.

    El béisbol nunca ha sido tan grande ni tan rentable como ahora, gracias a los derechos de propiedad. Se ha levantado más allá de las palabras del poeta Donald Hall: "continuo entre las cosas americanas, un juego interminable de veranos repetidos, uniéndose a las largas generaciones que amamos el deporte". En el fondo, hay que aplicar métrica a lo intricado de la esencia. Expertos en ello sobran adentro en las filas de peritos. Situar el juego a otro nivel es lo mismo que el tono de una conversación en el perfecto estado que las ligas definen los cuatro grandes dominios para un pronóstico favorable: (1) talento disponible, (2) uso de la métrica, (3) veteranía en mercados, (4) colaboración corporativa, y (5) baja en la carga del pago de impuestos corporativos.

LAPIZANDO HOJAS BLANCAS, esta vez nadie se debe ir de pesca. Entre tanto, para avanzar el producto de bate y bola se deben extraer las tendencias durante los últimos 20 años. La historia sigue ahí para ser examinada. Habría que ver los libros financieros décadas atrás si permanece la idea de crear un fondo de expansión. ¿Otra amenaza a la apertura de los libros de contabilidad? No tan relevante ni descabellado, pero es otro ingrediente adicional para ponerse a pensar. También el deseo de mejorar debe esquivar las situaciones de conflicto. La idea en sí no es por motivos de crear mejor transparencia. El negocio se tiene que ajustar a las idiosincrasias del mercado y a las características del capitalismo. Grandes cosas se cambian. Otras siguen su camino, y sería responsabilidad del alto mando en deshojar el impacto del cambio, ya sea contradictorio o fructífero. Como si la quenepa supiese a manjar de dominio.

ASÍ ES LA fibra del béisbol si en serio pensamos existencia, orden y propósito poseen material de arranque para intuir más interés por el juego y crear más riqueza para su distribución. Yo hasta me atrevería a formular la ventaja de exención antimonopolio es el ejemplo mayor de una fortaleza escondida. Quizás a la sociedad no le importa tal vocabulario. Todas las agencias deportivas son monopolio. Y déjame resaltar que esperamos visitar que la existencia también concluye ser herencia que no se comparte fuera de lo que nos apasiona. Si hay escalera con origen existen pasos firmes. En cualquier mapa de maniobras hay flechas y posiciones defensivas. Estas no son respuestas sí o no, para resaltar estaremos visualizando Expansión 2018-2026. La era está encima y añade el realismo a una decisión. Primero en cuál colina recibidora de artillería te has posicionado, cuanta caballería traes y si tus operaciones incluyen la dosis diaria de DW-40. Mantente en la expectativa, no por certeza de intrusión al significado de "al grano." Estrategia o influencia por existencia es el orden y propósito. Anotando carreras de salida vamos acepillando las ruedas de la máquina de la prosperidad. A ver quién se apunta.

PONGAMOS ZAPATO EN la caja de tres pies hacia primera base a pensar por un minuto en lo que hace de la Liga Mayor de Béisbol el candidato principal para llevar a cabo la modificación de la estructura. Desde la perspectiva de una formidable capacidad para desplegar los activos se hizo más con esfuerzo calculado. Por ello, se debe considerar la herencia, pero la túnica es hacer explotar el entretenimiento para las masas y generaciones. Sin embargo, la forma que el futuro depende de las tendencias en prosperidad, estrategias bien pensadas aportarían a la continuidad del dominio. La proyección a largo alcance no resiste posponerse otro día.

Asumiendo para no seguir estático y mantener poder el futuro requiere arranque de simulación y modelaje un nudo arriba explotando y permeando cada faceta del rendimiento. Contestar lo lindo de la pregunta. Cualquier remodelación pronta debe ir en sendas múltiples, conforme a los cambios en la temporada, en el relámpago de poner énfasis a la academia HomeGrown. Pero la Institución ha permanecido inmóvil ocupada en la tajada de adquirir valor. Actuando como industria de entretenimiento. Templando el ancla de la coherencia arbitraria. Decidiendo compras y lanzamientos hacia las oportunidades. Ningún competidor gigante de deportes osa poder negociar y travesar los expendios. Por otro lado, como fanáticos, actores, intelectuales o ejecutivos, las tendencias modernas nos impulsan a creer en el crecimiento. La Liga Mayor de Béisbol ha vivido los reglamentos necesarios para ajustar las relaciones de los individuos con derecho a voto y empoderados especialmente con fines de intercambio social y material entre iguales.

Empero, el béisbol está detenido en tráfico. Al cambiar la luz a verde las sendas se agrandan. Se inspira investigar una óptima manera de avanzar el producto. Por ende, y como lo indica la experiencia para doblar ingresos hay que multiplicar recursos, la capacidad y la ingenuidad. En estilo simplista, los recursos son componentes ávidos por descomposición para estudio, y cuerpos listos para el atuendo de reunión con aquellos compartiendo química. En la química entre los dueños y el Comité Ejecutivo, la relación va más allá de todo el componente de jugar organizado y decidir diatribas. ¿Y qué de la influencia en todo lo que roza al deporte?

Existe influencia en el municipio. Influencia por los políticos. La influencia de los señores a nivel de ciudad, estado y representante en Washington no quieren que las franquicias se vayan. Los mismos en lugares con potencial a expansión poseen un casi idéntico nivel de influencia. Y es por aquí que llegamos a terreno común para investigar las tendencias. Sobre la concentración de influencia en la esencia compleja de los elementos estructurales de las Grandes Ligas, investigar, hacer tormenta de ideas y asumir el producto está listo para agrandar y avanzar. Surgió la idea.

Esa es la tarjeta de presentación hasta el momento. Pero el momento requiere ojear las tendencias que hacen todo posible. Veamos que la batalla de unificar el futuro ya tiene las primeras peleas ganadas. Fundamental sería investigar a fondo fórmulas similares. Las que informen cómo es el béisbol, su contribución actual, y qué persigue. El adicional en necesidad sigue siendo mantener el nivel competitivo del producto, conllevando conexión con las líneas del negocio de proyectar béisbol. Pero todas las imaginaciones en modelos nuevos, primero ven el gran esquema. El deporte conoce estos conceptos más allá de las relaciones por ser dueño de mucha costumbre. Por esta vía el billete, las formas encontradas de divergir los enfoques comerciales, el canjeo de peloteros entre equipos, miríada de ejemplos. En la carretera, el contrario esquema su ciencia de ganar compitiendo. Para competir se necesita invertir. El compuesto de MLB es sostenible. Las virtudes, obviamente, resultado de esfuerzo masivo con aplicación de la originalidad propia de obtener éxito—la experiencia universal dejando rezagadas a las otras entidades deportivas. Bienvenido a un modelo marcado por la historia. Las principales ligas pueden compararse entre sí y verificar cómo las buenas reglas y regulaciones crean eficacia y eficiencia de las funciones en todos los niveles. Ahora los propietarios disfrutan de una mejor relación con la Asociación apoyados en acuerdos sólidos. Algunos pueden seguir descontentos con los resultados del impuesto de lujo, sin olvidar que todo el mundo está manejando los bienes a capacidad y las acciones colectivas son espléndidas. Por fin de cuentas, se reduce a la excelencia en que MLB ha organizado la gestión de activos de forma sistemática y científica.

CONSIDERANDO LAS TENDENCIAS positivas relevantes, Agenda 2018-2026 ofrece dinámica consistente a los objetivos y diseño de algo con sentido. Quizá se trata de entrenar el agente de cambio en una perspectiva fresca. Ejecutar funciones totales y posicionarse entre dueños, los peloteros, los agentes, la unión y terceros. Resultaría en maniobras mayores por las cuales pensar desde la poltrona de la asesoría es saludable para armar una perspectiva nueva. Armar los procedimientos. Plasmar políticas de contenido y de funciones siempre en el foco de la integridad y las leyes del terreno. Dice el Señor John C. Maxwell, gran ilustre, no hay tal cosa como ética en negocios, sino la Regla Dorada en la ética, y así debe ser para asegurar harmonía e integración. Con actitud hacia la ética, honestidad, perseverancia, creatividad e inteligencia. La otra cara de tomar el atajo más ventajoso hacia la competitividad a nombre de los negocios no carece de considerar que los mejores asesores ya residen adentro. Por eso el béisbol conoce y cuida su patrimonio.

14 |
TARJETA DE REGISTRO

"Tenías que entrar y salir. La zona no pertenecía a los bateadores; pertenecía a los lanzadores. Hoy, si lanzas demasiado adentro, el árbitro te lo advierte. No creo que sea justo".

~Juan Marichal, the Dominican Dandy

El mundo es de alguna manera caótico, pero los conglomerados poderosos prosperan. Cada día muchas nuevas asociaciones, en las que alguien está a cargo y aquellos en la cadena de mando, prefieren la acción de los delegados para recibir más tarde las rutas de asesoramiento para conectarse, sea cómo los elementos clave digieren la misión frente a las restricciones basadas en los recursos asignados. Los recursos asignados son el poderoso empleo de activos según sus capacidades. Buscando un esquema para presentar un escenario con tal balance pudiese dirigir el esfuerzo de avance de producto basado en si la estrategia unificada va colgada del Gran Paradigma y cómo los dominios correrían el último "dog-n-pony show" en la avenida.

¿Quién pagaría la expansión? Las estaciones de medios nacionales con figuras astronómicas en sus bancos podrían desembolsar la mitad de los costos. Me refiero a las redes deportivas regionales en la amplitud de operaciones paralelas a las señales de los mercados. Durante los años de huelgas por los

peloteros y los árbitros surgió énfasis en que los
dueños de equipos debían invertir en alianza con las
cadenas de televisión y todos los medios para
prepararse para los salarios astronómicos a punto de
explotar. Los aliados en llevar el juego al teatro en
casa decidieron comprar porciones de las franquicias
mayores. Por este intercambio de negocios detrás del
espectáculo comprendemos la situación global posee
más nodos de seguridad, probablemente la característica prominente si se quiere mantener competitividad, y si lo legal y regulatorio lo prescribe. En el
mismo instante añadimos que para los 1990s hubo
dinamismo en los mercados, entre las incertidumbres
por la burbuja inmobiliaria y el desplome de las bolsas de valores. Sin aludir penetración en los riesgos,
en economía existe la gran fuerza del azar. El impacto del azar económico en la era actual es el resultado del recobro.

EN EL FORTALECIMIENTO se ven las caras tácticas y estratégicas. El dinero importa, y las cosas han
cambiado. Planificación en alianza debe ser el
esfuerzo pesado en la expansión. Los dueños pueden
poseer una fibra de pan fresco. ¿Cuánto dinero ganan
los 750 jugadores si el salario promedio es de 4 millones? Tres mil millones o en el estadio. La construcción de seis estadios a clip de $400 millones hace $2.4
mil millones de dólares. El sector público pone el
apalancamiento financiero en los estadios. Los inversores ya están en el circuito. El béisbol nunca ha sido
tan grande y rentable mitigando los riesgos o convirtiendo fondos públicos para la construcción del estadio. Ahora hay una ruta establecida y precisa para
seguir funcionando de la manera que la estructura
permite ajustes mínimos en sus piezas. El liderazgo

y los resultados sobresalientes en la mayoría de los emprendimientos merecen un crédito conjunto.

AL PASAR POR primera base anclando el caucho hacia segunda, la modernidad hace entender su posición poderosa para cambiar en sintonía con las ventajas contemporáneas. Para evaluar cualquier estrategia, se pone afán en los activos a mano o aquellos en el patio económico a disposición. Siempre que el mandato es intensivo en recursos, es verdad, el béisbol tiene dos caras; cabeza o cola, juego o negocio. En el orden del juego y el desarrollo del equipo y ganar series, la otra cara gestiona el capital y sus maniobras técnicas. Los líderes del juego han dado forma a un equilibrio único en entretenimiento y ganancia económica en una era creciente en avances tecnológicos y exactitud para dominar la competencia. Dictar los objetivos profundos sigue siendo un reto, pero la circunstancia es compartir éxito a ritmo formidable, y esa es oportunidad para pensamiento ancho en medio de la batalla ya casi ganada.

Alto y claro y definitivo que los mercados van en alta como mejor indicio, y por lo menos la voz en una de las referencias sugiere que las ortodoxias en el juego hagan su papel dentro de la propuesta. Las decisiones de los "playmakers" tienen mucho que ver con la seriedad de mantener el juego en el dominio humano, por supuesto, con la tecnología en la palma de la mano. Significa entonces que los pronósticos atraen lo antagónico y la duda. Forzar reingeniería gruesa sería rascar las características tradicionales del Circuito organizado y sin dudas forzaríamos a que el hombre invisible que no se hace visible hace mucho, se materialice dentro de poco. Viene a verificar el último credencial producto de la tarjeta de registro ante finalidades concretas.

POR OTRA PARTE, a pesar de que el deporte viene tan fuerte y satisfactorio, en el registro de consternación la geografía no es un foco en la realidad actual. Ninguna gran idea pasa desapercibida sin tradición histórica, pero la caza del fantasma de la uniformidad no puede estar a la vista a menos que traigas una alianza que genere billetes y fomente el interés por el juego.

La expansión de esta manera es uno de los muchos mapas para desplegar el éxito que encabeza el MLB Industry Growth Fund (IGF) desde su creación en 1997, y ahora integral al Acuerdo de Negociación Colectiva. El IGF aumenta el interés de la fanaticada, aumenta la popularidad del béisbol y garantiza el crecimiento de la industria. El MLB Competitive Balance Tax financia el IGF. La Asociación de Jugadores y los clubes individuales le aportan fondos adicionales.

Ante esto, los eventos de impacto han sido más favorables que antagónicos. El deporte es prolífico por sus alianzas y asociaciones dónde todos ganan. Al tiempo veremos sobre el rotundo éxito en distribuir desde el Fondo Central a todas las franquicias. Todos los clubes han demostrado potencial a llegar al juego del comodín, por lo menos, como para seguir insinuando el momento es ya.

15 |
LA JUGADA DEL MOMENTO

"Aunque sólo tiene tres strikes, aún no estás fuera. Allí siempre hay algo que puedes hacer".

~Tony La Russa
One Last Strike

Los guantes látex que llevábamos en las mochilas, obsequiados en el tercer piso de la Biblioteca Ernesto J. Castillero eran testigos de horas ojeando las vetustas y resquebrajadas hojas del Panama Star & Herald. Una tarde lluviosa me enteré que la biblioteca tiene un ejemplar de Historia del Béisbol Panameño. Me subí en la troca Ford, fui al Parque Omar, conversé un rato con Míster César en el mostrador sobre Tejeduría del Béisbol. Cerca de ahí, Ruperto, en guantes, estaba acaparando el Herald en la mesa del fondo. Me percaté que Míster Irregular tanteaba en una pieza de papel los nombres de equipos descriptivos y coloridos como Aspinwall Baseball Club, The 20th Century, Colón Baseball Club, The Stars of the Pacific, Panama Athletic Club y The Emerald of the Isthmus. Supe entonces el viejo estaba tramando tejer algo sobre las raíces de la pelota istmeña. Por eso, busqué al gallero. Aquel hombre que le narraba fábulas a los chiquillos de las montañas entre Boquete y Volcán poseía un extremo. Le importaban un bledo las reglas. No se preocupaba por convenciones, obligaciones, o por completar la vuelta a la hora de seguir por el reglamento. Notamos era bastante inconformista, guiado por lo oportuno. Estar fuera de la ley era su don para avanzar sus propios intereses, y esto no significaba trabajo adicional para el dedo índice derecho, sino que Ruperto también era flexible y los intelectuales en la Feria del Libro anual en el Centro de Convenciones Atlapa lo consideraban experto disidente.

Tanta vaina para una reunión reformatoria, balbuceó Ruperto. Al otro espectro de las cualidades, el afamado escritor de Piedra Candela y sus misiones nebulosas motivaban en mí el interés por jugar pelota a otro nivel. Ante las intensas narrativas del maestro de las tierras altas ahora en pesquisa sobre equipos ístmicos nombrados como Refresqueros de Spur Cola, Licoreros de Carta Vieja y Smoker de Chesterfield supe el tejido debía considerar las opiniones de la gente de béisbol. Organizar cuestionando qué hace al juego grande y tradicional a pesar de sus incógnitas y vericuetos socavados por la modernidad.

Ya vemos por donde viene el cordel. Asuntos sociales impactan al deporte, por igual, los intereses de alguien superior, rigen la movida. La tajada de sandía. Primero, el clima social en Continental U.S. es aterrador. Proliferación de drogas, armas, pandillas, polarización entre razas, súbita motivación por flojera en contra de la actividad física, y nunca falta el plano clandestino. Segundo, los chiquillos de hoy adquieren los conocimientos temprano. Desde que el béisbol es físico en complemento con lo digital, la semejanza a juego simulado permite a los jóvenes un hábito nuevo y creativo. Especialmente en un deporte bañado en una infinidad de eventos, cuantificaciones, estrategias provenientes de dicho hábito. Antes de ponerle el disfraz a Caperucita descubramos si mejor ella desea aplicar a su resiliencia una ornamenta no transitoria.

En expansión, la HomeGrown trae la cercanía de los peloteros activos y retirados. Sería un choque interesante entre los interesados en cada cuadro recreativo en el municipio; entre la visibilidad de la competencia; y entre alguna rueda económica que pueda salir del gran eje bajo reforma parcial. La creación de la academia HomeGrown, no solo a la imagen dominicana, sino lo expansivo de coordinar las ligas juveniles comunitarias, pues hay que estar dispuesto al cambio súbito y atrapar cualquier apoyo del público como si la voz y voto del fanático sellando el convenio.

El valor de los elementos dictaría ser el potencial primario para el éxito unificado. A medida que íbamos soltando los hilos de la tela, pensábamos en control, en domesticar la bestia de las inconveniencias. Para eso negociación y resolución de conflictos. Dado que estos ilustres dominan lo que puede descarrilar los flujos al banco, no necesitamos emplear asesores externos si de entre los operadores se pueden seleccionar las experiencias productoras de éxito, y ahí queda planchada esa. Sentido común ha tocado la puerta hace rato. La evidencia en los almacenajes individuales en todos los clubs refuerza mucho el pronóstico.

PERO QUIZÁS EL séptimo sentido, o por cuando una serie de ofrendas se presenta para que escojas las mejores herramientas es para martillar el camino. En la dinámica de la competencia contemporánea las particularidades en ambas caras de jugar y producir dinero dictan mucho sobre la próxima movida y hay que ver esa esencia desde afuera. Cómo la ven aquellos con más roce íntimo—los medios de comunicación y los vendedores de zapatillas—y lo duro resulta convencer al profesional adentro. Aferrándonos a la mínima en cada aspecto positivo, pero la fórmula de reforma va más lejos para no subestimar un sistema que ha combatido aquí y allá. El proyecto carga tela para quincallero. Todo el tiempo hemos estado organizando cómo remontar la loma. Es una nueva era en los deportes. El maestro Rick Horrow lo dijo. Para el 2011, ya los aficionados eran los choferes designados de un negocio de $750 millones. Desde entonces la era digital y su menú de opciones interminable, desde la cobertura del juego hasta la proliferación de los juegos de fantasía que simulan la realidad. Los escenarios nos sirven para pensar en años adelante, cómo el juego en producto ahora se hace fácil de acezar y entender. ¿Y si pudiésemos situar el poder capitalista y los atajos en el código de impuestos? En sus absolutos presenta una fuerza en posición de figurar el sentido a la incógnita. Para entonces es cuestión de entrar a cuestionar cómo te puede bajar un bombo mal calculado para una toreada. En béisbol hasta para agarrar un bombo y no permitir avance de bases, lo mejor es preguntar a los expertos en la materia cómo llegas a la pelota, el flujo de la jugada planta tu mejor pie antes de soltar el rifle preciso con brinco o directo a la manilla.

Súper, esto no es cáscara de coco. Luego definimos las características del análisis de dominio recordando que la fibra arquetípica (del comportamiento basado en sus atributos) del béisbol se centra en el desarrollo de esa actividad que nos atrae, es inteligente y sagaz en un juego de escuela que tampoco se produce de la nada. Si no fuera por el análisis a medida que la historia se transforma, no habría una profunda visión de un mejor mañana a base de resultados obtenidos. ¿Cuán exitoso es el béisbol organizado? ¿Existe un secreto en el método de funciones? ¿Algo de impacto extremo a esta conversación?

OLIVER, EL RUBIO de Piedra Candela, y pupilo de Ruperto era conocedor del juego en los anaqueles de la Biblioteca Ernesto J. Castillero. Se mudó a la ciudad por encargo de los estadounidenses, cosa relacionada a las muchachas del centro de llamadas en Quarry Heights. Vino con experiencia tallada al norte de Boquete, el bonito y fresco pueblo a las riberas del Río Caldera. Prendió el monitor pensando como comerse un mangó al otro lado de la cerca:

--Dime Alma, y si no hubiese sido tan crucial el cambio en el Rule 5 Draft.

--Si Analytic. Confiere a la misma coincidencia: ayer te levantaste y preguntaste si R5D fue la cura al pánico al draft de expansión. Sospecho que sugieres todos los equipos entreguen sus prospectos y héroes como Hack Wilson, Roberto Clemente y Odubell Herrera; todos en el anaquel histórico del homónimo R5D. Veo por dónde va el cordel y poder sacar talento con todos los sorteos fue crucial. ¿Recuerdas el año que los Tigers escogieron a Víctor José Reyes, venezolano y maestro de los tres jardines? Escogido #1, casi pasado su tiempo para entrar al Gran Circuito y con poco poder al bate. Seis temporadas en las menores,

pero de improviso algún scout notó ciertas herramientas en el muchacho de Barcelona, Venezuela. Además de cubrir terreno era dueño de .298 al bate y .347 llegando a las fundas blancas con correas y una varilla de "ground". No sorpresivo a la data exacta en el Sabermetrics, Víctor José se robó 30 bases con los Jackson Generals y los Salt River Rafters.

--Me interesa más el porqué de la narrativa de expansión y negociar afuera del mercado si lo puedes ameritar interno. Sé me vas a chifiar, pues expansión a 36 ocurrió cada dos años, y no hay indicios podamos llegar a 40 para el 2030. Me interesa tu opinión digital si doblar a 16 los entrantes a Playoffs fue buena movida. Quién sabe. Por la lana cuando se juega a intensidad de 130 en rendimiento, no impide que pierdas tres o cuatro buenos prospectos. ¿Por qué no protegerlos del R5D? Pónle casco digital, a ver.

--No amigo, considéralo. #1: Claro que hay lana extra y el doblaje de los Playoffs mejora los fondos disponibles para competir. Los desvelados por lo costoso del "luxury tax" ahora poseen un trampolín a la hora de pagar la multa. Los clubes recibidores de ayuda acorde con el reglamento de reparto llevan más chance a la postemporada con los mejores 16. #2: Gracias a causa de convertir R5D a fuente de talento no puesto en el roster de 40 para llenar filas en las franquicias de expansión. Ese mismo año que Víctor hizo #1Pick, hubo en la lista 61 jugadores, primordialmente lanzadores. En simple matemática, 60 peloteros son un brinco a los quejidos de arriesgar talento para expansión.

#3: Ya se había hecho algo similar con el draft del balance competitivo desde 2017. Todos los equipos en los diez últimos puestos en ingresos o al fondo entre los diez últimos en tamaño de mercado obtuvieron una selección en la ronda A, después de la primera ronda, o ronda B, siguiendo la segunda ronda. Utilizando una fórmula que considera los ingresos y el porcentaje de victorias.

--¿Pero hay suficientes peloteros?

--Solo exponiendo que el R5D potencia el nerviosismo por el draft de expansión, pero también es remediación. A tumbar mangó yo no.

ANTE LA ENTRADA triunfal de Sabermetrics (métrica y ciencia de los números de rendimiento) calculamos que SABR (Sociedad para la Investigación del Béisbol) pudiese aportar su granito de arena al debate sobre la proliferación del béisbol a escala superior. Habría que llevar esta yegüita a la membresía. Aparte de los "powerbrokers" liderando los treinta clubs, SABR es un tanque de maquinación. Lleva trayectoria tan respetable como el Baseball Hall of Fame y Baseball Prospectus. Qué te parece cholito, los datos recabados por PITCHf/x y STATCAST son lo último en la avenida. En 2006 MLB lanzó la nueva revolución en data deportiva al introducir PITCHf/x. La tecnología usó cámaras para medir la velocidad, posición y rompimiento de cada lanzamiento en tiempo real, transformando la forma en que los analistas verifican la verdad en la coyuntura de la zona de strike. PITCHf/x fue eliminado a favor de STATCAST, más avanzado que rastrea la pelota y los jugadores usando una combinación de radar y cámaras.

Se ha comprobado que Giancarlo Stanton y Aaron Judge truenan madera y se escucha hasta en el parking. Como si lo nebuloso en el choque de lo tradicional con la métrica, Keith Law expone en Smart

Baseball que las viejas estadísticas básicas de promedio, cuadrangulares, carreras anotadas e impulsadas son pelota a lo humano sólo relevantes en décadas atrás. Irrelevantes a la métrica de hoy. Imaginamos el giro que el juego tomaría por los expertos cuando el tiempo era antaño. Líderes como Tommy LaSorda, Preston Gómez, Cookie Rojas y Felipe Alou ya eran pronosticadores de rendimiento pues era el mismo juego, salvo algunos cambios evolutivos, pero la pelota se jugaba con la misma intensidad. En sus eras, entre jugar en un cuadro dónde había que estar pendiente por un mal salto de la bola y asumir que cuando Roberto Clemente, Rico Carty y George Foster chocaban bate en el queso, la calidad MPH de salida no se podía instrumentar. Estos viejos lobos sí conocían el rendimiento individual y su aporte al esfuerzo en equipo. Excepto que ahora es natural que los avances en analítica dan resultados precisos para ganar juegos y series, y para evaluar el rendimiento futuro de los peloteros. Según Keith Law: Sabermetrics altera nuestra conversación sobre el juego. Con la llegada del aspecto digital, el talento es prolífico, y al parecer impulsado por la motivación generacional, se necesita el enfoque creativo. En realidad, lo oculto se queda en las sombras hasta que no se visualiza el futuro a otro nivel.

POR ESO CREEMOS el béisbol puede lo que se propone. Los competidores al otro edificio de la urbe con el cejo hasta el cielo, los labios caídos por caídos de la sorpresa. Creemos a rato entramos en la posibilidad, si pones motivos y profesionalismo al frente de la diatriba. Ningún poderío capitalista descarta oportunidad si el sacrificio en la repetitiva lo dicta. Cuando en duda, pregúntale a la máquina.

16 |
EL DILEMA DE LOS PLAYOFFS

"La habilidad de juntar la gente en el béisbol es una de las virtudes de honor en nuestro Pasatiempo Nacional. El juego nos permite un número ilimitado de oportunidades para crear memorias para los aficionados, e impactar las causas importantes para ellos. Para Major League Baseball y sus 30 clubes, esta estatura única representa un verdadero privilegio, uno que honramos".

~Robert D. Manfred, Jr.
Comisionado del Béisbol

Durante los playoffs pasan casos y cosas. Los trabajadores del estadio, los contratistas y los medios de comunicación contribuyen ampliamente a difundir la riqueza y la popularidad. ¿Recuerdas las tablas finales de la temporada 2014? Los Cardenales ganaron 104 juegos. Los Pirates 96. Fue cuando los Giants con 88 victorias eliminaron a Pittsburgh en el Comodín de la Liga Nacional. No lo vimos como juego limpio a los beneficios que 96 victorias deben otorgar. Una serie de cinco juegos es más interesante y más rentable a la cadena de distribución de ingresos. ¿Qué tratamos de influir? El fruto de entre un dilema, lo más productivo. El periodo de otoño es cuando la contienda se pone tan rentable como en arena de gladiadores.

EL 2 DE noviembre de 2012, Wendy Thurm escribió en FanGraph: "Usando a los Gigantes de San Francisco como ejemplo, he aquí cómo he calculado la cantidad de ingresos de boletos de postemporada recaudados en dos juegos de la Serie División. O sea, durante los playoffs.

Commissioner's Office	$28,353,800
Players' Pool	$81,405,020
Texas Rangers	$405,150
Oakland A's	$2,631,955
Baltimore Orioles	$7,180,567
New York Yankees	$10,056,589
Detroit Tigers	$10,331,914
Atlanta Braves	$593,613
Washington Nationals	$5,514,968
Cincinnati Reds	$4,441,532
St. Louis Cardinals	$17,747,976
San Francisco Giants	$20,499,714

El 15 por ciento de los recibos de asistencia pagados de cada juego de postemporada se envía a la Oficina del Comisionado. El 50 por ciento de los recibos de asistencia pagados de los juegos de Wild Card se contribuye a la Pool de Jugadores. El 60 por ciento de los recibos de asistencia pagados de los tres primeros juegos de cada Serie de División se contribuye al "Pool" de Jugadores. El 60 por ciento de los recibos de asistencia pagados de los primeros cuatro juegos de cada Serie de Campeonato y de la Serie Mundial se contribuye al Pool de Jugadores. Todos los recibos de asistencia pagados o no pagados a la Oficina del

Comisionado o contribuidos al Grupo de Jugadores se reparten por partes iguales entre los dos equipos de cada juego de Series o del juego Wildcard".

Thurm afirma que los ingresos de televisión van a MLB y se distribuyen a los equipos en cuotas proporcionales, por lo tanto, las ganancias del béisbol son prolíficas en muchos niveles. Doblando los allegados a la postemporada traería bastante lana a muchos estratos. Llegar a playoffs significa aumento de valor del club. El alto prestigio de una franquicia indica mayor participación en las redes de radiodifusión, siendo inclusivo del negocio, construyendo alianzas, y hasta el alcance global importa por las múltiples rutas de la rentabilidad económica.

En el momento en que arrancamos a jugar el juego de la expansión y el realineamiento de ligas, el reloj anhela un plan auténtico que desembarque allí, marcando distancia adquiriendo determinación y clamando por los medios para pertenecer a la visión Excélsior sin más disparates.

Epílogo |
SEDA PARA VESTIR A CAPERUCITA

"El típico proyecto de estadio cuesta alrededor e 40 por ciento más que las figuras "oficiales", gracias a los costos no reportados como terreno gratis, atajos en los impuestos de propiedad, y operaciones públicas y costos de mantenimiento".

~Neil Demause
Are New Stadiums a Good Deal? Baseball Prospectus

Quién sabe. Doblar los allegados a la jornada de otoño debe ser el convencimiento más sutil en esta propuesta, pues es el ingrediente de prosperidad que MLB no ha explotado a su máxima capacidad. Para aceptar clímax favorable en la propuesta se necesita pausar y reconocer que Tejeduría del Béisbol, si fuese la horquilla yaciendo en la senda, debe circular cerca de la actitud positiva para recogerla. Es profunda y admito que mi terquedad me hizo ejercitar el ensayo del reto. No hay que mirar más allá de 20 años para predecir el ensanche se puede ejecutar en 10 años.

Habría que ver los salarios dos décadas atrás. Lo que cuesta ir al parque o apreciar el juego con dispositivos de televisión. Debemos seguir lo suficiente curiosos por descubrir algo nuevo entre los del prestigio en el juego. En familiaridad a la reingeniería de maquinaria Mayor, las influencias son removedores de terreno para jardinero de manguera y sol. Si el proyecto, bajo el objeto de los controles pertinentes, concluye la pista es rango alcanzable, entonces el potencial del poder económico es fibra formidable.

Sacando de las memorias organizacionales mientras MLB subió a posición líder en más juegos, en prestigio, mejores salarios pagos, mas programas "greening" de servicio al compromiso del deporte y la juventud, talento desarrollable a temprana edad, y la lista es larga. No nos distraigamos con la letra fina entendiendo lo que se avecina depende de cooperación formidable. ¿Reingeniería brutal?

El juego aún se transforma. Se organiza. Políticas y procesos nuevos son esencia de profundidad concentrando balance en las doctrinas de importancia. Balance con mejor talento y ciencia en las miras al comercio y al jugar para ganar. Hay mucho balance, oportunidades en el entretenimiento y en la costura de la lana. Le preguntas a un operador actual y te dice la narrativa perfecta está guardada y cocinada en los bancos de data. Pues ya que MLB posee un compartimiento para guardar, y es gente haciendo trabajo increíble. Esto permite ponerse al lado de la experiencia y asesorarse por dentro, dónde las cosas son claras. En otras instancias, mientras el tiempo corre, externalizar y transformar depende de tres generales: tecnología, pensamiento en equipo, y rendimiento actual. El resto mide y aplica los atajos para el ataque en varios flancos.

El concepto de propiedad, mientras MLB es dueño único de expansión, puede aludir creación de favoritismo. No, si MLBAM o cualquiera tome el contrato como Agencia de Operaciones, será encomendada a poner los chavos en la alcancía de todos. Desde la guarida con los estamentos al mando, la narrativa que no niegue autenticidad por lo claro las tendencias indican ha llegado la hora.

De la misma manera, apelar al liderazgo y tratar de injertar una idea sobre la prosperidad requiere más que una prueba para entender el conocimiento y la capacidad que permea en los malos tiempos y en los grandes momentos.

Desde entonces, ha reinado un deseo por resultados que vivan el estandarte. No obstante, hay grandes obstáculos a la organización, y muchos se recuestan de las restricciones y burocracia. Jaron Lanier, en su libro, Who Owns the Future, escribió preguntas fundamentales pueden ser declaradas de diversas maneras. Sólo un puñado de respuestas surgirán, pocas son posibles. Según Michael Spence, ganador del Premio Nobel 2001 de Ciencias Económicas y escritor de The Next Convergence, ciertos tipos de libertad económica tienen acceso a los mercados y a las finanzas, y es un sistema gobernativo que permite a las personas invertir y pertenecer a empresas sin procesos de aprobación excesivamente onerosos o restricciones directas. Mata al burócrata y no te preocupes en lo que no puedes controlar.

TODAVÍA SE MIRA a distancia aquel rocoso primer cuarto del siglo 20. El primero del Siglo 21 le gana en características dignas y un chance de doblar rendimiento. La prosperidad sigue en alta, y ha remplazado la sombra de la regla de reserva. Hay despliegue total listo para continuar el modo de éxito captando mercados. Tengamos por cierto somos de entre las filas de la opinión externa asumiendo adentro hay miles de propuestas similares o conteniendo partes con chance. Considérate sólo desde la poltrona del aficionado, no un experto que pensó en los dominios del juego de béisbol para avanzar una cosa buena. Al leer este libro confirmas lo que sabes sobre el juego, podrías ganar al imaginar cómo las ideas en él influirán en tu conocimiento y filosofía. Precisamente cuestionando y aun asumiendo, resumir en tan pocas páginas una línea de ocho o diez años, augurando una ilusión más que utopía, es tarea poco menos simple. Por tanto, asume el éxito llega con envoltura permeada por utilidad, esfuerzo, responsabilidad, amor al progreso, colaboración, la gracia de la perseverancia y lo inesperado del chance. Aquí comienza la prueba, y a elevar el nivel de hábitos en juego y negocio espesos.

En expansión múltiple, ya que el dueño sería MLB, no hay necesidad de vender. Obvio, si existe balance entre los clubes y ligas (jugando y cobrando) habría estabilidad. Estabilidad es el mejor allegado a MLB y por eso es la tendencia mayor. Menos rumores, menos tropiezos en el flujo del billete, y el interés por el juego en alta. Tales suposiciones suman la harmonía en un juego en su esencia como ciencia y arte. Los objetivos de MLB sujetan su porvenir, y en el fondo reina la elegancia para cimentar el horizonte. Ahí les dejamos seda a ver si Caperucita se quiere poner indumentaria carnavalesca.

REFERENCIAS |

"Es el cambio, el cambio continuo, el cambio inevitable, ese es el factor dominante en la sociedad actual. No se puede tomar ninguna decisión sensata por más tiempo sin tener en cuenta no solo el mundo tal como es, sino el mundo tal como será".

~Isaac Asimov

A Curious Mind, por Brian Grazer
American Baseball, por David Quentin Voigt
Bad Sports, por Dave Zirin
!Béisbol! Pioneros y Leyendas Del Béisbol Latino, por Jonah Winter
Baseball by the Numbers, por Baseball Prospectus Team
Baseball's Game Changers, por George Castle
Baseball/Literature/Culture, por Peter Carino
Baseball's New Frontier, por Fran Zimniuch & Branch Rickey III
Baseball's Power Shift, por Krister Swanson
Beyond the Scoreboard, por Rick Horrow & Karla Swatek
Built to Last, por Jim Collins & Jerry I. Porras
Clemente, por Kal Wagenheim & Wifrid Sheed
Clemente, por the Clemente Family
Circling the bases, por Andrew Zimbalist
Diamond Dollars, por Vince Gennaro
Dias de Sacrificio, Gloria y Esperanza, por Félix Feliz
Don't Wait for the Next War, por Wesley K. Clark
Dollar Sign on the Muscle, por Kevin Kerrane
Everything is Obvious, por Duncan J. Watts
Feewding the Monster: How money, smarts, and nerve

took a team to the top, por Seth Mnookin
Field of Schemes, por Neil deMause & Joanna Cagan
Homenaje al Número 21: Roberto Clemente Walker, por Edwin Vázquez
How You Play the Game, por Jerry Colangelo & Len Sherman
In Pursuit of Pennants, por Mark L. Armour & Daniel R. Levitt
Inside Pitch and More, por Gene A. Budig
In the Best Interests of Baseball, por Andrew Zimbalist
Las Estrellas Orientales: Cómo el béisbol cambió el pueblo dominicano de San Pedro de Macorís, por Mark Kurlansky
May the Best Team Win, por Andrew Zimbalist & Bob Costas
Molina: The story of the Father Who Raised an Unlikely Baseball Dynasty, por Bengie Molina con Joan Ryan
Naked Economics, por Charles Wheelan
Perfectly Legal, por David Cay Johnston
Players, por Mathew Futterman
Public Dollars, Private Stadiums, por Kevin J. Delaney & Rick Eckstein
Regulating the National Pastime, por Jerold J. Duquette
Revolutionary Wealth, por Alvin & Heidi Toffler
Scorecasting, por Tobias J. Moskowitz & L. Jon Wertheim
Speaking of Success, por Ken Blanchard, Jack Canfield, Gary Parks
Sports Analytics, por Benjamin C. Alamar
Sports in America, por James A. Michener
Stadium Games, por Jay Weiner
The American Diamond, por Branch Rickey
The business of Sports, por Scott R. Rosnier & Kenneth L. Shropshire
The Cardinals Way, por Howard Megdal

The Game, por Jon Pessah
The Grind, por Barry Svrluga
The Next Convergence, por Michael Spence
The Power of Negative Thinking, por Bob Knight
The Sabermetric Revolution, por Benjamin Baumer & Andrew Zimbalist
There's no such thing as Business Ethics, por John C. Maxwell & Steven R. Covey
Who Owns the Future, por Jaron Lanier

AGRADECIMIENTOS Y OTRAS VISICITUDES |

Remembranzas y mucho añoro por mis compañeros de la niñez y al terruño del Cacique Cayaguax. Con ustedes formábamos un juego dónde fuera, y siempre había que tirarnos el bate para escoger equipos con balance. En nuestro barrio Taíno, es cierto que jugábamos en un callejón antes del modernismo del asfalto. A los lados y sobre el muro de tierra, punzantes alambres de púas. En las arenas de las riberas del Río Cayaguás y el Río Grande de Loíza ensillé por primera vez el peto y las rodilleras. Más abajo del Charco Azul, dentro del agua a nivel de rodillas, pelota de goma de 15 chavitos y bate de bambú. Sin camisas y en pantalones cortos, los bateadores servían de receptor y el que perdiera el bate bajo la corriente, al próximo día era el núcleo de los chistes y la burla. Qué buenos aquellos días de alborozo.

En el llano lleno de toros cebúes, aunque con matojos, los que alardeábamos ser los generales del cuadro interior, en sí desarrollamos manos seguras, y todos tuvimos bazuca por brazo. Los jardineros, magistrales en sus estilos individuales sorteando campo rústico y excremento de ganado.

Los fines de semana de sol a sol. Tampoco pierdo la oportunidad de recrear porqué se volvió costumbre que al caer la noche alguien uniría excreta de vaca a la bola que siempre terminó en el guante de un incauto. Fuimos muchachitos tallados por un juego humilde e inocente que en noches de velorio de rosarios cantaos hasta algunas leyendas daban miedo. Por las noches había que apretar el paso de la bicicleta para llegar a casa, pues sobre el río subían las antorchas y ningún pescador de guabaras sujetando el mango. De una, a la altura de la pieza de caña del Niño Contreras, salían tres antorchas. Aguas movedizas.

Memorias sobre estampas humildes en el nicho del divino tesoro en el juego de pelota. Éramos dichosos y modestos. Por eso, ninguno de los Alcaldes electos nos construyó un parque.

www.ingramcontent.com/pod-product-compliance
Lightning Source LLC
Chambersburg PA
CBHW020421220526
45464CB00002B/514